教師のための濫読の道しるべ

「ひらめき」と「化学反応」を期待する50冊の本

元木更津市教育長
西村　堯［著］

学事出版

まえがき

私は、平成28年（2016年）12月に、『教師のための知的読書案内―視野を広げる100冊の本―』（学事出版）という本を上梓した。これは、（千葉県）木更津市まなび支援センターHPの「今月の一冊」欄で書いてきた拙文をまとめたものである。

本書は、いわば、その続編である。

前著出版以降の掲載文を整理してまとめたものである。

「今月の一冊」欄は、先生方の読書の道しるべになれば、と願い、続けてきたものである。この4月で一六六号となった。一三年余り続いていることになる。

「継続は力なり」というが、果たして、力になっているのかどうか。強いて言えば、私の認知機能の衰えを、多少なりとも防止する力になっているかもしれない。

さて、まず、本書の題名について述べることとする。

「濫読」としたのは、前著でも述べたが、教育という仕事は、きわめて学際的であって、政治、経済、社会、文化、芸術、医療、福祉など、広範囲な知見に支えられて進める仕事である。もちろん、専門である教育についての識見も高めなければならないが、教育オンリーでは、心許ない。仕事が豊かさを失い、やせ細ってしまうような気がしてならない。

教師には、常に幅広い教養・知見が求められていると思う。

そこで、「今月の一冊」で、私が取り上げた本は、教育関係書だけでなく、近頃加齢による我が儘も加わってか、多岐に亘る。「濫読」としたのは、その故である。

次に副題について触れよう。

これは、先にお亡くなりになった外山滋比古先生のご著書『乱読のセレンディピティ』（扶桑社文庫）に負うところが大きい（この本については本書58ページで取り上げている）。

「乱読のセレンディピティ」とは、一言で言えば「思いがけないことを発見する読書術」のことである。

「乱読本は読むものに、科学的影響を与える。全体としてはおもしろくなくても、部分的に化学反応をおこして熱くなる」（同書P．98）と述べられている。

「『ひらめき』と『化学反応』を期待する50冊の本」とは、こういう想いをこめている。

変化の激しい今の時代に、「ひらめき」と自由な発想を生み出す「化学反応」が求められているように思う。

そういう「濫読」を期待したい。

どこから読み始めても自由だが、一応、章立てをしている。

第1章は、「多様な知見に触れる」である。先に述べた「乱読のセレンディピティ」もこの章の中に入っている。

第2章は、「世界に目を向け、時代をみつめる」であり、それぞれ、個性的な方々のご著書が並んでいる。『この不寛容な時代に』で、ヒトラーの『わが闘争』を読む、などは、なかなか歯応えがある。

第3章は、「鎮魂の月・八月に読む」である。私のような八十歳代の人間にとって、多大な犠牲をはらった先の戦争について忘れることはできない。毎年八月には、鎮魂の想いをこめて一冊を選んでいる。

第4章は、「言葉を磨く」で、今回は俳句関連の本が多くなった。俳句という凝縮された詩の言葉の重みを味わいたい。

第5章は、「ポピュラーサイエンスを愉しむ」である。科学者たちの叡智をしぼった研究の成果と達意の文章を読み、科学への興味を掻き立てたい。

第6章は、「教育についての考えを深める」である。ここでは、教育技術のみならず、もう一歩つっこんで、教育のあり方について考究していただきたい。私は『手で見るいのち』に大きな衝撃を受けた。

本書を刊行するにあたり、木更津市教育長高澤茂夫氏をはじめ、「まなび支援センター」の所員の皆様に大変お世話になった。特に木更津市立太田中学校長市原浩氏には、原稿の整理など、たくさんのお力添えをいただいた。また、今回も学事出版（株）の花岡萬之氏にも専門家の立場から貴重なご助言をいただいた。

なお、木更津市教育長高澤茂夫氏が令和3年（2021年）3月に退任され、4月より廣部昌弘氏が教育長に就任された。また、市立太田中学校長市原浩氏は、定年にて退職され、市立桜井公民館長に就任された。お二人にはひき続き、ご指導ご支援をお願いいたしたい。皆様に深甚の謝意を表したい。

併せて、「今月の一冊」欄の読者の皆様にも御礼を申し上げる。

結びに、「コロナ禍」の中で、一層厳しい業務を強いられている先生方に、心から応援のメッセージを送りたい。健康に留意して、なんとかこの難局を乗り切っていただきたい。

令和3年（2021年）3月　著者

〔付記〕
文中の役職名、氏名、事実関係などは、紹介書籍刊行当時のまま記載しています。

教師のための濫読の道しるべ ―「ひらめき」と「化学反応」を期待する五〇冊の本―

目次

Ⅱ　世界に目を向け　時代を見つめる

Ⅲ　鎮魂の月　八月に読む

Ⅳ　言葉を磨く

Ⅴ　ポピュラーサイエンスを愉しむ

I

多様な知見に触れる

九十歳。何がめでたい

佐藤愛子　著

小学館

「敬老の日」を中心に、いわゆる「敬老行事」が催される。

本が出版された2016年には、佐藤愛子氏は93歳である。週刊誌「女性セブン」に隔週で連載してきたエッセイをまとめて一冊にしたのが本書である。

「帯」に「めでたく全国書店で1位続出。63万部突破」とあるから爆発的な売れ行きである。（その後さらに売れ行きを伸ばし、今や90万部）

超高齢化社会を迎えて、「敬老行事」など、ぶっ飛ばす勢いで「何がめでたい」と述べまくる。著者の天性とも言うべきユーモア精神と練達な筆さばきで、一気に読ませる。

実に面白い。

老いを題材にして、面白おかしく話しながら、辛口の文明批評となっている。ユーモアを解説するのは、野暮というものだ。だからいくつか引用してみよう。

「老残の悪夢」の節

（電力会社やＮＴＴの合理的かもしれないが納得できない請求に対して）

なるほど、よくわかったよ。これが文明社会というやつなのだ。この非人間的な進歩に追いつく力を失った老いぼれは、取り残され、文句をいいながら、無駄ゼニばかりを出さされるということなのか。

（中略）

死ぬに死ねない情けなさ。そんなところへファンと自称する女性からカマボコが送られてきた。

「佐藤先生。もっともっと百まで長生きしてください」だと。

「何をいうか。人の気も知らずに。」

腹立ちまぎれにガブリと齧れば、ゆるんでいた入れ歯がカポッと外れた。

異物が混入した「らしい」ビーフカツの、その異物とはどんな物かと訊ねると、はっきりしないがプラスティックのカケラみたいなものじゃないか、という話だった。正体もよくわからない。混入したかどうかもわからない。「らしい」という話だ。「らしい」だけで廃棄するのか！四万枚も！

しかしそれが文明国のなすべきこと、あるべき姿だといわれれば、そうですか、といって引き下がるしかしょうがない。

もしもプラスティックのカケラが混入していれば、口に入れると舌に触るだろうから、その時は吐き出せばいい。それだけのことなのに、もったいないねえ。大袈裟だねえ…などと、落ちぶれた主婦魂の持ち主たちはひそひそといい合うのだ。

「いちいちうるせえ」より

まあ、こんな具合に文章が続く。

「帯」の裏側に読者の声が載っている。


笑って泣いて、ふと考えさせられて、久々に一気に読めた一冊です。(61歳　女性)

とある。

本当に面白いし、「なるほどなあ、こういう考え方、見方もあるか!」と、まさに一気に読める。

こんなに一気に読んでしまって、1、200円はちょっと高いか、などとみみっちい気分になるが、そこは、佐藤愛子さんが、まさに老骨にムチ打って書いた本だから、「敬老」の精神で、一冊お買い求めいただきたい。

僕たちが何者でもなかった頃の話をしよう

永田和宏　他4名　著

文春新書

本書は、京都産業大学での講演・対談シリーズ「マイチャレンジ　一歩踏み出せば、何かが始まる」を収録したものである。

本の題名も長いので、著者を永田和宏氏だけ表示したが、講演・対談に登場するのは（つまり著者でもあるのだが）山中伸弥（京都大学ＩＰＳ細胞研究所長・ノーベル賞受賞者）、羽生善治（将棋棋士）、是枝裕和（映画監督）、山極寿一（京都大学総長）の各氏である。

構成は、まず、各氏の講演があって、次に各氏と永田和宏氏との対談があり、締めくくりに、永田氏による「対談を終えて」という感想が述べられる。

まず、私の不明を恥じなければならないが、私は、永田和宏氏は、歌人だとばかり思っていた。短歌に関する著作が多く、私も、何回か読んだが、ついうっかり、著者の略歴を見落としていた。永田氏は、京都大学理学部物理学科卒業で、現在、京都産業大学タンパク質動態研究所所長である。物理学者であった。

さて、京都産業大学で、著名な四氏の講演・対談が企画され、また、本書が出版された理由について、「はじめに」で永田氏が述べている。

要約すれば、今の若い世代は、誰かにあこがれるということがほとんどない。あるいは、あこがれる対象を持っていない。

若者にとっても、「偉い」と思う人はいるはずだが、その存在は、自分たちとは縁のない世界の人、偉いけれども、どんなに頑張っても自分たちが届くはずのない人、というイメージを持っていて、あこがれになることさえない、という感じであるという。

そこで、「あんなに偉い人でも自分と同じ失敗や挫折を経験してきたのか…」ということを感じ取ってほしい、という願いをこめて、この講演・対談が行われたのである。

「何者でもなかった頃」、つまり、失敗を重ね、挫折し、悩んでいた頃の話をしてもらおうというわけである。

著名な各氏の興味深いエピソードを永田氏がうまく引き出して、大変面白い。

例えば、ノーベル生理学・医学賞受賞の山中伸弥氏は、はじめは、臨床医としてスタートしたが、外科手術の才能がなくて、20分で終わるはずの手術に2時間もかかってしまって、指導教官には、山中という名前で呼んでもらえず、「ジャマナカ、ジャマナカ」と呼ばれていたという話が出てくる（P．22）。

あるいは、将棋棋士の羽生善治氏の話の中で、「三手の読み」が、実は、大変難しいという話が出てくる。

相手の立場に立って相手の価値観で考えるということは、大人でもかなり難しい（P．69）

と述べる。

一応、盤面をひっくり返して、相手だったらどう指すかと考えてみるんですが、つい、相手のほうから見たときに自分だったらどう指すかというふうに考えてしまう。そうすると、当然ながら相手と自分とでは価値観の違いがあるので、現実の場面では、予想外の手が入ってくることがあるわけです。

と言う。

誠に含蓄の深い言葉である。

あるいは、また、映画監督の是枝裕和氏の話。

自分の先入観が目の前の現実によって崩されるのがドキュメンタリーの快感だ

と言う。

教育の現場でもそうだ。いつも、教師の先入観が、目の前の子どもたちの言動によって突き崩されるのである。これを自分の「三手先」を読む力不足と認めることとしても、そこに、常に新しい発見があり、面白いと感ずるのも、教師冥利というものではないか。

山極寿一氏（京都大学総長）は、ゴリラの研究者として有名である。アフリカへ何度も出かけられてフィールド・ワークを続けている。たくさんのエピソードが語られる。「勝つ論理と構え」と「負けない論理と構え」の項が非常に面白い（P．163）。

ニホンザルとゴリラの社会の違いについてである。

ニホンザルの社会では、「勝つ論理と構え」であって、お互いの優劣をはっきり認め合って社会の秩序を維持する。それに対して、ゴリラは、「負けない論理と構え」で勝者も敗者もつくらない。そこに仲裁者が登場して、友好的に共存するということらしい。ゴリラ（チンパンジーも）は、顔と顔を近づけて見つめ合うことができる。ニホンザルは、これができない。「目は口ほどにものを言い」という言い習わしがあるが、ゴリラには、これができるらしい。

以上、私が面白いと思ったことを勝手に紹介してきたが、現代日本の著名な方の人生の軌跡と人柄がにじみ出て来る、誠に興味深い一書である。

人生を味わう古典落語の名文句

立川談慶　著

PHP文庫

皆さん、「二八《にっぱち》」という言葉をご存じだろうか。二月と八月のことで、「広辞苑」によれば、

と出ている。

商取引の振るわない時期とされる

本欄は、あまり商取引とは関係ないが、毎号、毎号、息が詰まるような内容では、読者の皆さんも疲れるだろうから、たまには息抜きが必要と思って、落語にまつわる本書を取り上げてみた。ところがどっこい、語り口は軽妙だが、なかなか味わい深い面白い本である。

著者、立川談慶氏は、「著者紹介」によれば、慶応大学経済学部卒で、(株)ワコールに入社し、3年間のサラリーマン経験を経て、1991年、立川談志18番目の弟子として入

門したという。ちょっと変わり種の落語家である。長い修業時代を経て、2005年に真打に昇進した。

さて、本書は、師匠談志からの「教え」や師匠との交流の中で著者が学んだことを交えながら、古典落語39話の中の「名文句」（サゲ、オチ）を題材に、人生の機微、哀歓を述べたものである。

第一章「しみじみ編」、第二章「すかっと編」、第三章「ゆったり編」、第四章「じんわり編」、第五章「あざやか編」、と章立てされているが、気の向くままに、どこから読み出しても面白い。

私は、幼い時（小学三・四年頃）から落語が好きで、本書で取り上げている39の落語のうち、19は、スジと名文句（サゲ、オチ）は知っている。何しろ、戦後すぐは、ラジオの歌番組（のど自慢など）か落語、講談、浪花節ぐらいしか娯楽はなかった。

さて、本書の筋立ては、一つ一つの落語について、著者による「あらすじと解説」があり、「さて、この名文句、なんと解く？」という項目があり、著者独特の人生の教訓（？）が短く述べられ、「そのココロは？」ということで、談志の言葉や自身の人生の歩みなどに照らして、「人生の真実」に迫って（というと大袈裟だが）いく。

談志の落語についての定義、「落語は人間の業《ごう》の肯定である」という言葉が、しみじみとわかってくる。

「人間の業《ごう》の肯定」とは、人間はもともとダメなものとして出来上がっているのではないか。深読みすれば、神様は「お互いかばい合って生きていくように」との願いを込めて、あえて人間をダメなものとしてお作りなったのかもしれません。そんな欠陥人間たち同士の織り成すセリフ、言葉が積み重なって出来たのが落語です。（P．4）

というわけである。

落語という万能漢方薬から抽出した「人生サプリ」として、お受け止めください

と著者は言う。

私の個人的な好みで面白いものをあげれば、

「芝浜」

ぐうたら亭主を支える賢い女房の知恵。いつも暮れになるとやっていた。しみじみとしたいい話。

「抜け雀」

名人、上手のエピソード。

「笠碁」

碁敵の友情。断ち切れない絆。

「茶の湯」

ご隠居の道楽に付き合う者の苦労、おかしさ。

「道具屋」

与太郎と客とのやり取りの小気味よさ。

ちょっと披露しよう。

客「おい、そこのノコを見せねぇ。」

与「えっ？ノコにありますか？」

客「おめえのひざの所にあるじゃねぇか。」

与「ああ、ノコギリですね。ああた、ギリを欠いちゃいけません。」

「死神」

死神をごまかそうとして、かえって自分の死の瞬間まで立ち会う男のおかしさ。ろうそくが消えると寿命が尽きる。

「強情灸」

強情を張って熱い灸をすえ、「石川五右衛門は、さぞ熱かったろうな」の名文句。

などである。円生、小さんなど落語家と共に、今でも懐かしく思い出される。
ちょっと残念なのは、「火焔太鼓」と「寝床」が入っていない。面白いのになぁ。

未来の年表
――人口減少日本でこれから起きること――

河合雅司　著

講談社現代新書

誠に衝撃的な本である。

私は、息を詰まらせながら206ページの新書を3日で読み終えた。

日本が少子高齢化社会であることは知っているつもりであるが、では、具体的にどういうことが起こるのか、漠然ととらえていたことを思い知らされた。

病院へ行くと年寄りが多いな（私も年寄りだけれど）とか、高齢者の自動車事故が多いな、とか、学校統合の話など、こまぎれの事象としてとらえてはいた。

しかし、本書のように、豊富なデータを駆使して、しかも、「年表」として、「日本全国ではこういうことが起こりますよ」と突き付けられると愕然とするのである。

様々なデータが使われているが、中心となるのは、国立社会保障・人口問題研究所（社人研）の「日本将来推計人口（2017年）」の最新データである。

とにかく最大の危機は、総人口の激減である。

社人研のデータによれば、2015年に1億2、700万人の日本の総人口が、40年後には9、000万人を下回り、100年も経たないうちに5、000万人ほどになるという。

著者によれば

こんなに急激に人口が減るのは、世界史において類例がない

ということだ。

9ページに「日本の喫緊の課題」として、四つあげられている。
1　出生数の減少
2　高齢者の激増
3　勤労世代（20歳～64歳）の激減に伴う社会の支え手の不足
4　これらがお互いに絡み合って起こる人口減少
である。


人口減少にまつわる日々の変化というのは、極めてわずかである。

（中略）

影響を感じにくいがゆえに人々を無関心にもする。だが、これこそが、この問題の真の難し

さなのだ。

と著者は警鐘を鳴らす。

まず、厳しい現実を直視すること。そして、人口激減後を見据えて、コンパクトで効率的な国への作り替えが重要であると著者は力説する。

本書は、第一部「人口減少カレンダー」と第二部「日本を救う10の処方箋―次世代のために、いま取り組むこと―」によって構成される。

まず、第一部「人口減少カレンダー」では、2017年から約100年後の2115年まで、年代順に何が起こるか、が示されている。

この部分が極めて衝撃的である。

例えば、2020年(東京オリンピックの年)には、「女性の2人に1人が50歳以上に」、とある。これは、日本女性の過半数が出産期を終えた年齢になるということである。出生数減少に拍車をかけることになる。

さらには、2021年、「介護離職が大量発生する」とある。団塊ジュニア世代(1971年生まれ以降)が50歳に突入し、介護施設不足、介護スタッフ不足(2025年後には約253万人の需要が見込まれるのに対し、215万人程度しか確保できない)により、親の介護のために離職する人が急激に増えるというわけである。50代と言えば、企業・社会の中核の世代である。この人たちが介護のために離職すれば、経済活動にも支障が生ずる。

ショッキングな「年表」が続く。

2024年「3人に1人が65歳以上の『超・高齢者大国』へ」

2026年「認知症患者が700万人規模に」

2027年「輸血用血液が不足する」

（この年にリニア中央新幹線の開業が予定されている。華やかな反面、献血可能な年齢層が少子化によって減少することによって、輸血用血液が足りなくなる。具体的で衝撃的なデータである）

2027年は、10年後の話だ。

2050年には、世界人口が97億3、000万人となり、「日本も世界的な食糧争奪戦に巻き込まれる」とある。空恐ろしい話だ。

人口の推計値は、他の分野の推計値、予測値と比べて、かなり精度が高いらしい。

先に述べたように、まずは厳しい現実を直視することである。若い世代になればなるほど（中・高校生）、

人口減少問題を「自分たちの問題」として捉え、強い関心を持っている
結びにかえて（P．205）

らしい。

さて、第二部は、「日本を救う10の処方箋」である。詳細は、この本をお買い求めいただだき、お読みいただきたいが、要点は、

拡大路線でやってきた従来の成功体験と訣別し、戦略的に縮むことである。（P．11）

私が特に印象深く読んだのは、「24時間社会からの脱却」（P．166）、便利すぎる社会からの脱却ということである。

「便利さ」や「無料」とはだれかの必要以上の頑張りや犠牲、我慢の上に成り立っていることに思いを馳せよう

という著者の指摘は、誠に説得力がある。社会の支え手が減少するという事態に直面して、私たちの生活のあり方を根本から見直さなければならないと痛感させる一書である。

憲法改正論議の中で、「県」から一人の国会議員の枠を守る、などという話が出ている。

しかし、「県」が維持できるのかどうかという切羽詰まった事態を迎えるというのに、何かのんびりした話だなあと感じた次第である。

〈付記〉

この原稿をほぼ書き終わった3月30日に、社人研の調査の発表があった。２０４５年には、千葉県内の人口は、約76万人減り、人口の半数が65歳以上となる限界集落は、17市町に及ぶということである。

私たち自身の意識改革と先を見通した施策が望まれる。

思考を鍛えるメモ力

齋藤　孝　著

ちくま新書

私は、以前、表現力を育てるには、メモを取る力が重要だと意見を述べたことがある。木更津市の教育長だより「潮見の風」Ｎｏ．１４２（平成16年7月1日）及びＮｏ．１４３（同7月15日）に掲載されていた。

簡単に要約すれば、「メモにもとづいて発表する」ことを重視したい、と言うことである。そこでは、「メモの取り方」が大切になる。メモは「心覚え」だから、単語でもよいとも述べている。

こういうことを述べた背景には、授業中にノートに書いた「文章」をボソボソと読み上げるだけの授業が延々と続くのを見てのことである。特に小学校高学年から中学校にみられ、授業に活気がなく、かつ、平板になりがちだからだ。

こういう問題意識をずうっと持ち続けている時に、本書に巡り合った。齋藤　孝氏の著書は、これまで、本欄で何度も取り上げたので、できれば避けたいところだが、あえて、本書を取り上げたのである。

まず第一章で「メモの効用とは何か」が述べられている。特に、「学ぶ」基本はメモ力、「要約力が鍛えられる、自分の考えを整理できる、コミュニケーション力が身につく」などが重要だ（私の言う「表現力」のもとになる「メモ」は、このことを言う）。

第二章では、「まずメモ力初心者からはじめよう」として、「メモは手書きで」、「キーワードを箇条書きにして、番号をつける」など、「メモ力の初歩」が具体的に述べられている。

第三章以下は、「守りのメモ力」から「攻めのメモ力」へ、として、次第に高度な「メモ力」への道筋を示す。

要は、単なる受け身のメモではなく、「自分ならどうする」、「自分はどう考えるか」など、アクティブなメモを作っていくことを提唱するのである。68ページに、「守りのメモ力から攻めのメモ力へ」という図が載っている。自分の意見、感想、疑問も書きとめる。つまり、「考えやアイディアを深めるメモ力」をつけようと言うのである（これが中級のメモ力。ちなみに、自分の感想・意見などは、色を変えて、緑色で書こうと、非常に具体的）。

この中級のメモ力だけでも相当なメモ力である。私は、ここまででも良いと思う。

上級のメモ力とは、自分のアイディア、発見を生み出す、「クリエイティブなメモ力」＝「鬼のメモ力」と著者は述べる。

第五章で、達人たちの「鬼のメモ力」（新しい価値を創造するメモ力）として、エジソン、レオナルド・ダ・ヴィンチ、ドストエフスキー、などの「鬼のメモ力」の紹介がある。

私が、「なるほど」と感心したのは、「徒然草」や「枕草子」なども、一種の「鬼のメモ力」であるという著者の意見である。

大谷翔平の「目標達成シート」まで紹介されて、大いに驚いた。まさに「なるほどなあ」と感嘆するのみである。

本書全体を通じて、きわめて具体的、実践的であり、すぐに役に立つ。やる気を引き出し、やれそうな気にさせる著述である。

本稿を書くにあたって、通読した後、目次に目を通したのだが、驚くべきことに、この目次が、本書の要約「メモ」になっている。

すごい本だ。ぜひ一読をお薦めする。

子どもたちにも、先生方自身にも、「メモ魔」になってほしいものだ。

壬申の乱と関ヶ原の戦い

――なぜ同じ場所で戦われたのか――

本郷和人　著

祥伝社新書

以前、所用で名古屋へ行った折に、私は、ちょっと足を延ばして関ヶ原を訪れたことがあった。

なぜ関ヶ原かと言えば、歴史上有名な地でありながら、いわゆる観光地とは趣を異にするので、なかなか訪れることができなかったからだ。

京都などに行くときには、新幹線であっという間に通り過ぎてしまう。

名古屋から東海道線の電車に乗って、関ケ原駅に降り立った。ごくひなびた駅で、バスなどもなさそうなので、タクシーで回ることにした。笹尾山の石田三成陣跡など、戦いの跡を見て、町立の博物館に寄り、駅へ帰ってくる途中、運転手さんが、「ここは、壬申の乱の時も戦場だったのですよ」とポロっとつぶやいた。私は、「そうですか」と相槌を打ち、気にも留めないでいた。

本書を書店で見つけて、その時の運転手さんの一言が蘇ってきたのである。歴史を動かした三つの大きな戦いが、ここ関ヶ原の地で行われたのである。三つの戦いとは、「壬申の乱」、室町幕府を確立させた中世の戦闘「青野ヶ原（当時は関ヶ原のことをこう言った）の戦い」、そして、近世の「関ヶ原の戦い」である。なぜ、この地で戦うのか、著者は、この謎解きに挑戦するのである。ミステリーの種明かしをするのは、ルール違反であるが、「さわり」の部分だけをちょっと紹介しよう。詳細については、お買い求めの上、お読みいただきたい。

さて、その前に、「青野ヶ原の戦い」について、若干説明しておこう。「壬申の乱」といわゆる「関ヶ原の戦い」については、皆さんご存じのとおりだが、「青野ヶ原の戦い」については、あまり知られていないのではないか（知らないのは私だけかも!?）。

後醍醐天皇は、吉野に南朝を樹立したが、味方する武士は少なく、奥州の軍勢を率いて西上してくる北畠顕家が頼みであった。京都を目指す北畠軍を迎えうつ足利尊氏の幕府軍が、青野ヶ原（関ヶ原）で激突し、幕府軍が勝ち、足利尊氏の室町幕府が確立したのである。

さて、話を戻して、なぜ関ヶ原の地で、三度も大きな戦いがあったのか。著者の意見を大雑把にまとめると次のようになる。

1　都（京都）を守るための関所が三つあった。一つ目は、越前国の愛発関《あらちのせき》（現　福井県敦賀市付近）、二つ目は、伊勢国の鈴鹿関《すずかのぜき》（現　三重県亀山市付近）、そして三つ目が、美濃国の不破関《ふわのぜき》（現　岐阜県関ケ原町）である。

2　天皇や貴族（あるいは当時の権力者）にとって、仮想敵は、いつも東にいた。

3　壬申の乱、青野ヶ原の戦い、関ヶ原の戦いは、中山道を西上してくる「東軍・反乱軍」を防衛する不破関のすぐ東側の原野で戦われた。

蔑まされていた東国の人たちは、西国の豊かさを奪い取ろうと都を目指す。つまり東の人たちが富の再分配を求めて西に勝負を挑むという構図が、八世紀から十六世紀までの日本史の基本的なトレンドです。（P．28）

東の勢力が西に攻め上がろうとする時に、両者がぶつかり合う場所こそ不破、つまり関ヶ原でした。（P．28）

というわけである。

これが著者の基本的な考え方である。

本書では、この考えのもとに、「壬申の乱」、「青野ヶ原の戦い」、「関ヶ原の戦い」の経緯について、詳細に解説する。

誠に興味深い。ぜひお読みいただきたい。

天災から日本史を読みなおす

―先人に学ぶ防災―

磯田道史　著

中公新書

3月と言えば、2011年3月11日に発生した東日本大震災を忘れることができない。いまだに、どす黒い波が、次々と家屋をのみ込み、押し流す光景が目に浮かぶ。原発の後始末もメドが立っていない。

東北地方を中心に我が国に甚大な被害をもたらしたこの大地震は、多くの人命、財産を奪うだけでなく、精神的にも我々に大きなダメージを与えた。そして、今、南海トラフを震源とする大地震の危険が迫っている。

昨年は、西日本豪雨、そして北海道、大阪北部の地震など、多くの災害に見舞われた。

本書は、歴史家　磯田道史　氏が、多くの古文書などを読み解き、先人たちに学び、災害を乗り越える知恵をさぐろうとした著述である。

天災を勘定に入れて、日本史を読みなおす作業が必要とされているのではなかろうか。人

間の力を過信せず、自然の力を考えに入れた時、我々の前に新しい視野がひらけてくる。あの震災で我々はあまりにもおおきなものを失った。
喪失はつらい。しかし、失うつらさのなかから未来の光を生みださねばと思う。過去から我々が生きるために光をみいだしたい。（まえがき）

と著者は「まえがき」で述べる。

さて、全編を通して言えることだが、著者は歴史家として、単に研究室で古文書を読みふけるというタイプの学者ではなく、いわば「行動する歴史家」である。常に古文書を求めて、東奔西走し、さらにそこに記録されている災害の現場へ足を運び、自分の目で確かめる。関係者から直接話を聞く。

こういう姿勢が貫かれている。だから一々説得力がある。

著者がなぜ防災史を研究するようになったか、その理由について、P．152で次のように述べる。

私の母方の家系は、徳島県の牟岐《むぎ》（海部郡牟岐町）というところから出ている。そこは日本有数の津波常襲地である。大津波が何度もきて、そのたびに村人は屍体の山を築き、津波から逃げてきた者だけが子孫を残した土地である。（P．152）

著者の母も、2歳の時に、1946年の昭和南海地震にあった。「山へ逃げろ」の一声でめいめい裏山に逃げた。著者の母も2歳ながら一人ですばやく逃げて、助かった。

私のDNAも、猛烈な大津波をかいくぐって、生きのびてきたものである。（P．152）

と述べる。

しかも、現在は、浜松市にお住まいのようだ。浜松市は、南海トラフ大地震が直撃する都市である。

このようないきさつで、災害史に注目して精力的に研究、そして、情報発信をしているように思う。

さて、本書の内容だが、第一章の秀吉と二つの地震（天正地震と伏見地震）から始まり、第二章の宝永地震と大津波・富士山噴火など、その被害の詳細と政治経済的影響、災害から逃れようとする先人の知恵などが細かに述べられている。

第六章は、「東日本大震災の教訓」である。著者は、2013年の春に、宮城県南三陸町を訪れている。そこで、次のような教訓を学ぶ。

「津波に弱いマツ林」

巨大津波ではマツはすぐに根こそぎ抜けて流され、人や住宅に襲いかかるのだという。

（P．187）

「奇跡の一本松」は、一見、マツが町を守ってくれたような印象を与えるが、そうではないらしい。

根がまっすぐで深く、その土地にあった常緑広葉樹林がいい。高木と低木の混じった多層群落樹林が強い。

のだそうだ。

千葉県では砂浜に常緑広葉樹の混交林を整備する方針のようである。白砂青松では、巨大地震は防げないということである。

リーダーの決断も多くの生命を救う。

岩手県大船渡小の前校長　柏崎正明　先生の思い切った決断が多くの児童や地域の人々の生命を救った。校門から高台に逃げるのではなく、山手のフェンスから避難するという臨機応変の指示を出した。高さ1メートルほどのフェンスがあるが、めいめいそれを乗り越えて逃げた。フェンスを登れない1年生児童を教職員が引き上げたということだ。校門から整然と避難させれば危なかったという。

とくに公務員や教員は（中略）規則にのっとる行動をとりやすく、集団の指揮を任されると、平時の公平と穏当を前提にした常識にとらわれやすい。心すべきことである。

と著者は警告する。

岩手県普代村の村長　和村幸得《わむらこうとく》氏（故人）の話が出てくる。この方の防潮堤設置の活動については、確かNHK　BS「英雄たちの選択」でも取り上げられたと思う。県の　佐々木　氏という技師の助言を受け、津波の力に逆らわない堤を効果的な場所に造った。しかも、15．5メートルの高さをもつ巨大な堤である。周囲の反対を押し切って建設したのである。

今回の大震災でも20メートルを超える大津波が向かってきたが、死者はゼロであったという（海へ船を見に行った一人の方が行方不明）。

和村さんの回想録から読み取れる教訓は、過去の災害の大きさを参考に、自然と人間の境目を冷徹にみよ、自然に逆らわぬ防災工事をすすめよ。この二つではなかろうか。（P．212）

と述べ、著者は本書を締めくくっている。

「図書」誌（岩波書店PR誌）の1月号「こぼればなし」欄によれば、亥年は自然災害の発生が多い年のようだ。20世紀に入ってからでも、1923年の関東大震災、59年の伊勢湾台風、83年の日本海中部地震と三宅島噴火、95年の阪神・淡路大震災、2007年の新潟中越沖地震など列挙されている。

「備えあれば憂いなし」か。

ぜひ本書をご一読いただきたい。

寅さんとイエス

米田彰男　著

筑摩選書

題名に惹かれて、本書を求めた。

寅さんとは、映画「男はつらいよ」の渥美清が演ずる車寅次郎のことである（ちなみに、渥美清（本名　田所康雄）は1996年8月に亡くなった）。

イエスはもちろん「イエス・キリスト」である。

私の感覚では、寅さんとイエスでは、まるっきり違った範疇に属する人物のように思える。寅さんは、だぼシャツに腹巻き、上着をひっかけ、雪駄履きの四角いカバンをぶら下げて、ひょうひょうと旅に出る。「結構毛だらけ、猫灰だらけ…」などと、決して上品とは言えないセリフをはきちらす。イエスは、十字架上で、全ての人間の苦悩を一身に受けて、苦悶の表情で首を傾ける。「神の子」としての言葉を残す（正確には「残した」と「福音書」に伝えられている〈後述〉）。

その印象は、あまりも隔絶しているではないか。
ところが、である。
著者・米田彰男氏にかかると、寅さんにオーバーラップしてイエスが語られ、イエスの事蹟になぞらえて、寅さんが語られる。
「男はつらいよ」は48作つくられたという。私は、このうち、映画館やビデオで20作以上は、観ただろうか。
しかし、この本を読んで、いかにボーッとして映画を観てきたか、ということを痛感する。著者のような深いみ方はしてこなかった。本書によって、私は大きな衝撃を受けた。
本書では、四つの視点でこの「二人」について語られる。
第一章「人間の色気」について
第二章「フーテン（風天）」について
第三章「つらさ」について
第四章「ユーモア」について
である。

さて、著者は、現在カトリック司祭であり、清泉女子大学教授でもある。この本の至る所で新約聖書の成り立ちについての説明がある。

これだけでも、すごく勉強になるが、紙数の都合で略させていただく。一点だけ言及すれば、イエス自身は何一つ文字を残しておらず、口頭で伝承されたイエスの言葉と行動が、文書として残されてくるのは、イエスが亡くなってから数十年を経てからだそうだ。マタイ、マルコ、ルカ、ヨハネの福音書（福音とは「よい知らせ」「喜ばしい知らせ」）であり、

口頭伝承の資料をもとに、「自らの編集句を加えながら」最初に福音書を完成させたのはマルコである（P.33 〔〕内著者注）

とのことである。

つまり、四つの福音書は、編集者の考え、また語られる環境・条件にも影響されているということである。

さて、第一章「人間の色気」についてであるが、ご存じのとおり、寅さんは、一作毎に恋に落ち、そして、いつも失恋する。

このことについて著者は次のように述べる。

寅さんの姿勢は、「非接触・非破壊」による、他者の未来の可能性への開きであり、他者へ

の尊敬を示す勇気ある決断とも言える。すなわち一線を越えないこと、触れないことは、相手を大切に思う心の現れであり、今後の新しい出会いに対して、相互にとってより開かれた可能性を残す。（P．27）

と述べる。

イエスはどうか。

マグダラのマリアが空《から》の墓の前でイエスに会った時、マリアが絶望から希望への喜びの中で思わず師にしがみつく行為に対して、イエスは「すがり続けていてはいけないよ」と静かに言う。

そこにほのかな人間の色気を感じざるを得ない（P．58）

と著者は感懐を述べる。

第二章は「フーテン（風天）」についてである。

寅とイエスの両者に共通する逸脱は、他者を生かすための他者への思いやりであり、表層の嘘を暴き真相を露わにする。いわば道化の姿である。（P．67）

と著者は概括する。

フーテン（風天）性とは、「常識をはみ出した者、故郷を捨てた者」と著者はまとめる。

寅の場合は皆さんご存じのとおりであるが、イエスの場合をみてみよう。例えば、イエスは、取税人や罪人、遊女らと会食をしている。これは、当時の常識を逸脱していた。食事を一緒にするということは、友情や団結、和解のしるしであり、このような社会から排除された人々と食事をするなど、当時の常識からは、有り得ない行為であった。イエス（寅さんも）の特に弱い立場にある人々への温かい眼差しがある。イエスの処刑の残酷さから言っても、その逸脱は、当時の人々には許し難い行動であったと推察できる。

第三章「つらさ」、第四章「ユーモア」について述べるには、既に紙数が尽きた。以下、本書の中で、私が感銘を受けた言葉を列挙して、稿を終わることにしよう。

今日における深刻な問題は、家庭においても、職場においても、ありのままの自分をさらけ出せる甘えの場の喪失であり、喧嘩をしてもまた和解する包容力の欠如である。（P．125）

…寅さんの生き方が示すように、他者のまなざしの中に、他者の孤独や悲哀を読み取り、その空白、隙間を埋めてあげようと、自らの時間を捨てる行為こそ、人間が本当に人間らしくなってゆく…（P．210）

以上、つまみ喰いの如く本書を紹介してきたが、本書は、深く広い世界の広がる大変な本である。私自身もまったく消化不良である。寅さんの言動については、なんとか理解できるが、イエスについては、わからない部分の方が多い（例えばP．139「沈黙」については理解不能）。

にもかかわらず、本書を取り上げたのは、今の私たちの生き方に何か大いなる一石を投じる書籍であると思うからである。

寅さんを手がかりに、皆さんにも、ぜひ、深く広い世界に分け入っていただきたい。

『君たちが忘れてはいけないこと
——未来のエリートとの対話——』

佐藤　優　著

新潮社

誠に刺激的な本である。

随所にマグマのような炎が噴き出し、ガラス片のような鋭い石礫が飛んでくる。

この本は、私立灘高校の生徒と佐藤氏との対論を集録したものである。

２０１６年、17年、18年の４月に、灘高生徒会の主催する社会人訪問行事の一環として、佐藤氏の仕事場で「対論」「講義」は行われた。佐藤氏との対論は２０１３年から始まった。

本書は、その対論集の２冊目である。

副題に「未来のエリートとの対話」とある。これは、著者が、外交官としてロシアに在った時に教えを受けたブルブリス氏の影響からである。

「まえがき」で著者は述べる。

現在、日本は危機的状況にある。

（中略）

この状況から脱出するためには、未来のエリートを日本の国家と社会が意識的に育成していく必要がある。本書を読めば、灘高生が知的に優れているのみならず、人間的にも他人の気持ちになって考えることができ、自己の栄達だけでなく、社会の繁栄を真剣に志向していることがわかる。彼らが将来、実力を十二分に発揮できるような環境を準備することが、日本の生き残りの鍵になると私は考えている。（まえがき）

本書は、まず、「生徒による事前質問の要旨」が示され、それに佐藤氏が答えるという形で「対論」が進められている。

その「生徒の事前質問」というのがすごい。事前に佐藤氏の著書を読んだ上で質問しているが、これが高校生の問題意識かと疑うほど、ハイレベルな内容である。

例えば、

トランプ現象やブレグジットなど、ポピュリズムが世界的に話題になっている。

（中略）

ポピュリズム拡大の原因は新自由主義による格差拡大とエリート層への反発があると思

う。権力を得るために大衆に迎合しすぎるエリートも問題だ。このようなポピュリズムへの対抗手段には何があるか。

(以下略)(P.98)

あるいは、

民主主義の下でメディアは司法、行政、立法の三権を監視し、その姿を伝える役割を果たしていたが、現在では大衆に迎合して難しい内容を避けて問題の本質の追及をせず、大衆の興味に沿ったエンタメ色の強い偏った内容を伝える悪循環に陥っている。現代にあるべきメディアの姿とはどのようなものか。(P.180)

などである(私が質問要旨を理解できるものを例示した)。

これらの高品質な質問に佐藤氏が真っ向から答える形で議論が進む。

こんなことを言っていいのかとハラハラしながら読む。誠にスリリングなやり取りである。

「国体の本義」の章では、天皇制についての議論がなされる。見出しに、「この国では天皇の名の下にさまざまなものが結び付くのが特徴です」とある。その中で、創価学会について触れた箇所がある。

日本の出版媒体の中で天皇に関して比較的冷静で実在的によく見ているのは、創価学会系の雑誌「潮」だね。なぜかというと、創価学会の初代会長・牧口常三郎は戦時中、獄中死しているでしょ。二代目会長の戸田城聖も、やはり投獄されている。だから本質において、国家神道的なものとは相いれない組織なんですよ。（P．242）

このように佐藤氏の舌鋒は鋭い。

氏の博識にも驚く。まさに快刀乱麻を断つ勢いである。北朝鮮が核兵器を放棄し、中国の核の傘に入ったとしたら、日本はどう対応するのか、などと意表をつく論述などに驚く。若い高校生との真剣勝負の対話を、ぜひ、読み味わってほしい。

校閲記者の目
―あらゆるミスを見逃さないプロの技術―

毎日新聞校閲グループ 著

毎日新聞出版

私のひそかな愉しみは、新聞の訂正記事を読むことである。天下の大新聞が、どんな間違いをするのか、興味津々である。

ところが、本書を読んで、私のこのような下種《げす》な野次馬根性に鉄槌を下された思いがした。校閲記者の誠に地道な涙ぐましい努力が、じわじわと伝わってくる。

「校閲」とは

文書や原稿などの誤りや不備な点を調べ、検討し、訂正したりする（大辞泉・本書より孫引き）

仕事である。

校閲記者は、限られた時間の中で、「広告などを除く全紙面に目を通し、間違いがないか調べ、できる限り『誤りや不備な点』のない紙面を読者に届けるよう努める」仕事をしている。

「限られた時間」というが、新聞製作では、まさに、寸刻を争う、時間との勝負であろう。大変な仕事である。

さて、読者の皆さんに問題。次の文は、どこが間違っているか。

1　来春に任期を迎え、退任の予定。
2　不祥事の再発に万全を期したい。
3　地域住民の暴力推進運動。
4　トランプ氏は中国や日本の貿易赤字削減を迫っている。
5　私の場合、海草とキノコ類が足りないと言われました。

答え

1　任期満了を迎え、とする。
任期は、ある職務にいる期間の意味だから、「任期を迎える」では、これから職務に就く期間が始まるということになってしまう。

2　もちろん、「再発防止」としなければ！
3　同じく、「暴力排除推進運動」！
4　「米国の」貿易赤字削減を、とする。
5　海の「かいそう」には、「海草」と「海藻」がある。コンブ、ノリ、ヒジキ、ワカメなど、人が食べるものは、ほぼ藻類で、「海藻」である。ここでは、健康に良い食べ物の話であるから「海藻」が正しい。

さて、皆さんは何問正解されただろうか。

私は、うっかり読み飛ばしてしまい、正解は三つであった。

校閲の仕事は、文字だけかと思ったら、「イラストにも目配りを」とあり、次のような事例が紹介されている。

サンゴを食い荒らすオニヒトデについての研究成果の記事で、星形のヒトデっぽいイラストを編集者があしらった。しかし、オニヒトデは、まったく違う外見で、もっと多くの腕を持ち、全体がトゲに覆われている。（P．120に写真）
オニヒトデを知っている人には違和感が強いということで、このイラストを削除（P．119）

したというわけである。

本書を読んで、私は、勉強になったことがたくさんある。例えば、「雨模様」という言葉。私は、雨模様とは、曇り空で小雨がぱらつく天気と思っていたが、雨模様は「雨催《もよ》い」が変化したものと言われており、「今にも雨が降り出しそうな曇り空」を言うのだそうだ。

第6章に「品川区の目黒駅、港区の品川駅　～固有名詞の落とし穴～」という章がある。平成の大合併で、校閲記者泣かせの地名問題がある。未だに「埼玉県大宮市」などという誤りがあるらしい。

駅名と地名などは、もっとややこしい。

例えば、東京メトロの駅名は「霞ケ関」だが、地名は「霞が関」である。新宿駅は新宿区にあるが、2016年4月にオープンした新宿駅直結のバスターミナル「バスタ新宿」はどこにあるか？実は、渋谷区にあるのだそうだ。甲州街道を挟んで南側は渋谷区なのだそうだ。このことで訂正記事を出したと、著者は悔やんでいる。

P．170には、地名と駅名表記の違う例が表になっている。

地名	駅名
岩手県一関	ＪＲ　一ノ関駅
東京都葛飾区青戸	京成電鉄　青砥駅
東京都新宿区四谷	ＪＲ・東京メトロ　四ツ谷駅
（以下略）	

という具合である。

誠に神経をすり減らし、また、気の遠くなるような校閲の仕事である。「恐れ入りました」と脱帽せざるを得ない。

下種な野次馬根性は、自戒しなければならない、と強く感じた。

乱読のセレンディピティ
―思いがけないことを発見するための読書術―

外山滋比古　著

扶桑社文庫

「セレンディピティ（serendipity）」とは、思いがけないことを発見する能力をいう。本書、第7章に詳説されている。

とくに科学分野で失敗が思わぬ大発見につながったときに使われる（P．92）とある。

「乱読のセレンディピティ」とはどういうことか。一言で言えば、「思いがけないことを発見するための読書術」のことである（副題にこうある）。

著者によれば、

本を読むとき、ふたつの読み方がある（P．96）

という。

一つは、普通の読書で、

本にある知識、思想などは、ほぼ、そのまま読者の頭へ移る。それはいわば、物理的である。（P．97）

これに対して、

乱読本は読むものに、化学的影響を与える。全体としてはおもしろくなくても、部分的に化学反応をおこして熱くなる。発見のチャンスがある。（P．98）

と乱読の効用を述べる。

別の箇所で、著者は、こうも述べている。

とにかく小さな分野の中にこもらないことだ。広く知の世界を、好奇心にみちびかれて放浪する。人に迷惑がかかるわけではないし、遠慮は無用。十年、二十年と乱読していれば、ちょっとした教養を身につけることは、たいていの人に可能である。（P．84）

いろいろなジャンルの本を、興味にまかせて読んでいく。一つの専門にたてこもっていると、専門バカになるおそれがあるけれども、乱読なら、そうはならない。（P．85）

さて、賢明なる読者の皆さんは、なぜ、本書を「今月の一冊」で取り上げたか、察しがついたことだろう。

お察しのとおり、近頃の「今月の一冊」欄は、「気まぐれ！」、勝手気ままに、いろいろなジャンルの本を取り上げている。近年、その「気まぐれ」度がひどくなったと、自省している。

そこにもってきて、外山滋比古先生（大先生！）に、「乱読のすすめ」のお墨付きをもらったわけだ。

私は、大いに意を強くし、これからも「気まぐれ読書案内」、私流の「乱読のすすめ」を続けようと決意した（4月号で取り上げたのは、そういう意味がある）。

「今月の一冊」欄の迷走ぶりに辟易している皆さんには、ぜひ、この「乱読のセレンディピティ」をお読みいただき、「なるほどなあ」と納得していただきたい。

なかなかの名著である。

虫とゴリラ

養老孟司・山極寿一　著

毎日新聞出版

昨年は、新型コロナウィルスの流行で、世界が一変した観がある。ウィルスという目に見えないものに、絶えず脅かされている。パンデミックは、世界の経済をズタズタに切り裂いてしまった。グローバル資本主義はどこに向かうのだろうか。識者は「正しく怖れよ」というが、私は、常に心理的な圧迫感を感じてしまう。

新年から悲観的な話で申し訳ないが、本書は、未来を切り開く、新年にふさわしい書である。「人間と自然」のあり方について、大いなる示唆を与えてくれる。ぜひ年頭に繙《ひもと》いてほしい。

本書の「帯」に「野生の感覚をとぎすまし人間の危機を乗り越えろ」とある。プロローグ「共鳴する世界」に、山極氏が次のように述べている。

養老さんは解剖学者であると同時に、いろいろな虫を探して、自然の中を歩きながら、虫の世界観というものをどこかで会得されたと思うんです。僕もゴリラと一緒に、あるいはニホンザルと一緒に森を歩きながら、人間以外の連中の世界観というものをわかったつもりでいます。養老さんと僕の共通点は、人間とは違う動物にずっと執着してきたことでしょうね。

（プロローグ）

「虫とゴリラ」は、養老孟司氏と山極寿一氏の「人間と自然」のあり方についての何回にもわたる対談をまとめたものである。随所に、興味深い話や示唆に富んだ言葉が出てくるが、一つだけ、「脳と毛」（P．46〈第二章　コミュニケーション〉の一節）の話を紹介しよう。

まず、お二人で、「なぜ人間の脳は、こんなに大きくなったのか」について、話が弾む。ゴリラの三倍、チンパンジーの四倍はあるのだそうだ。

山極：……（前略）……脳は非常にコストが高い器官なので、維持するには大量のエネルギーが必要です。そのために肉食を始めて、火を使って調理を始めたり、食物の消化率を高めて食事の時間を減らしたり、腸を縮小して余分なエネルギーを脳に回すという、「臓器間のトレードオフ」が行われたという説もあります。……（中略）…… 生きる上ではそんなに大きな脳は必要ないわけです。……（中略）…… じつは大きな脳は余計なことをいっぱいしていますよね。

例えば「恋愛」なんていうのは、ゴリラから見ると馬鹿馬鹿しい話なんです。プラトニック・ラブなんて子どもを産めませんから、動物としては無駄じゃないですか。ゴリラにすれば、脳を大きくしたことの負の副産物にも見えるでしょうね。逆に言えば、それが人間の非常に「人間的な部分」で、そういう無駄が、人間的な社会を生んだのかもしれません。そこがまだ突き止められていない気がします。……（後略）……（P．47～P．48）

養老：……（前略）…… たまたま、脳を大きくしたやつが生き残ったという。「毛が短くなった」ことと、「脳が大きくなった」ことは、完全に結びついていると思いますね。

そこから、「毛繕《けづくろ》い」の話になる。毛が短くなったから「毛繕い」ができなくなった。ニホンザルやチンパンジーは、年がら年じゅう毛繕いをし合って、親しく共存している。しかし、人間は、毛繕い以外のコミュニケーションを考えなければならなくなったというわけだ。

しかし、養老先生は、人間は触覚を無視している、あるいは、触覚は比較的利用されていない、と言う。コンクリートの都市などは一番はっきりしている。触覚を無視しているという。

山極：「お母さん、手をつないで」って言いますでしょう。あの感覚は非常に根源的な、個体と個体のつながりを表していると思います。

……（後略）……（P．56）

山極：そういう「感覚」というのは、何なんだろう。まだきちんと検証されていません。検証されないまま、現代では「脳でつながる」ことが当たり前になって、子どもたちがスマホを手離せないのは、そのつながっている感覚を保持したいがためなんでしょうね。

……（後略）……（P．57）

毛繕いに代わるコミュニケーションの話が続くが、今、コロナ感染の中で、「接触」ということが極端に制限されている。感染防止のために仕方のないことではあるが、人間同士の結びつきの根源である「接触」ということが、果たして、デジタル技術によって、カバーできるのだろうか、不安である。

興味深い話題が満載されている。ぜひ一読をお薦めする。

ウンコはどこから来て、どこへ行くのか
――人糞地理学ことはじめ――

湯澤規子 著

ちくま新書

読み終わって、学問の世界は広い、いろいろなことを研究する学問があるものだなぁ、と深く感銘した。今まで、私が接した学問にはない面白さがある。著者自身は、「人糞地理学」などと言っているが、地理だけにとどまらず、環境、経済、歴史にも触れ、時には、哲学的な思索も深める。

エピローグの中で著者は、こう述べる。

排泄をするという行為は誰もがすることなのに、ところ変わればその行為やその場所や道具はこんなにも違う。本書の主役であるウンコの扱いもずいぶん違う。また、ところだけでなく、時代が違うとさらにバラエティー豊かな世界が広がっている。人間って面白いなあ。……（後略）……（P．221）

さらにこうも述べる。

そして、こと「食べること」と「ウンコをすること」はいずれも、私たち自身の中で完結するものではなく、本来的には外の世界に開かれ、様々な「いのち」を受け渡しの環の中に位置づけられる行為であった。その意味で人糞地理学は人間学であると同時に、環境学でもあるといえるだろう。（P．223）

著者の問題提起は、「朝のトイレで一瞥されることもなく水に流されている」ウンコは、身近さを失い、「自分」というよりも「他者」であり、触れたくない「汚物」と認識されることが多くなった。

そして「汚物」と名づけられた瞬間に、私たちはウンコについて深く考えることをやめてしまってはいないか。

というのである。

私は、やられたなぁと思った。

時々、出ないで終日不快な思いをする日があっても、日常的には、それ程ウンコについて思いをいたすことはない。しかし、これはどっこい、奥行きの深い問題である。

まず、著者は、第三章「宝物としてのウンコ」（近世日本の下肥）、第四章「せめぎあうウンコの利用と処理」（近代における「物質環境」の再編）の中で、農業の発達と肥料という視点で、実に緻密な考察を展開する。

さらに、第五章「都市でウンコが『汚物』になる」（産業革命と大量排泄の時代）で、ついに、「衛生問題の誕生と屎尿を『処理』するという発想」が生まれたことを指摘する。

そして、第六章「消失するウンコの価値」へと続く。

第七章「落とし紙以前・トイレットペーパー以降」（お尻の拭き方と経済成長）で、お尻の拭き方の多様性について述べる。

> **植物の葉、皮、茎、殻、木片、棒切れ、海藻、縄など、地域の地形、植生、産業などと関わって、その世界は驚くほど多様である。**

と述べている。蕗の葉は、どこでも使われていたようで、

> **言語学者の金田一京助が、「拭き」という言葉は、植物の「蕗」に由来すると説明しているのも興味深い。**

と著者は紹介していて面白い。

1974年5月「信濃路」という雑誌に、当時信州大学文学部教授だった馬瀬良雄氏が長野県下500か所で、落とし紙以前の世界について調査して、論文にまとめているとのことである。

さながら「長野県尻拭き地図」といったところだろうか

と著者も感嘆している。

随所に思いもよらぬ事柄を発見するが、例えば、こんな興味深い話が紹介されている。

ウンコの値段は仕入れ先によってランクがあった。貧富の差によって食べるものが異なれば、ウンコに含まれる内容にも違いがあるからである。武家の糞尿は高価だった。（P.61）

「長屋」の便所に溜まる糞尿も大家の重要な収入源であり、財産だった。（P.61）

糞尿が、貴重な肥料だった時代の話である。ちなみにその支払いは、貨幣のほかに、野菜や漬物など現物との交換もあったという。

豊富な事例、エピソードと、緻密なデータとを駆使して、一気に読ませる。日常的なごく平凡な事象について、新しい視点から切り込む著者の心意気に感銘する。

好著であるが、はたして、この本は売れるのだろうか、と心配している。皆さん、試しにご一読を。

Ⅱ

世界に目を向け　時代を見つめる

習近平の中国
―百年の夢と現実―

林望 著

岩波新書

今年（2017年）の10月は、中国では、5年に一度の共産党大会が開かれる。国際社会からも注目され、13億人の国民と8、800万人を超える共産党員を率いていく習近平指導部は、容易ではない。党大会は、一つの節目である。

著者は、朝日新聞北京特派員として、習近平が最高指導者に就く前夜から、2016年10月、共産党の「核心」と呼ばれるほどの権力をつかむ時期とほぼ重なるように、中国を間近で見つめてきた。様々な取材制限がある中で、また、広大な国土と13億人という膨大な人々をつぶさに描ききることは困難なことだが、急激に変わりゆく中国の現場で見聞きしてまとめた本書は、誠に貴重なレポートである。

「あとがき」の中で、

あえて「習近平の中国」という大きなテーマを選んだのは、歴史的な曲がり角だったと言われるかも知れないこの時代を、その空気感を含めてやや広角の切り口で記録しておくことも現場にいた記者の役割ではないかと思ったからだ。

と述べる。そして、

中国を知りたいと思っている方々が、この国の輪郭をつかみ、これからの動きを理解する上で何かしらの手がかりが示せていたらそれに勝る喜びはない。

と締めくくる。

さて、本書の序章は「習近平の描く夢」と題されている。

その「夢」とは何か。

一つは、中国共産党成立から百周年までに（2021年までに）「小康社会」の実現ということである。「小康社会」とは、「庶民がまずまずの余裕のある暮らしを送れる状態」をいう。経済的な余裕だけではなく、一定の精神的なゆとりや幸福感といったものも含まれるということらしい。

二つは、1949年新中国成立から百年、2049年までに「中華民族の偉大な復興」

を目指すという。このイメージは漠然としていて、つかみどころがないが、

かつて圧倒的な文明の力でアジアに君臨した広大な版図を誇った中国の人々に、深く訴えかける何か壮大な「夢」を掲げたということだ。

と著者は述べる。現代版シルクロード「一帯一路」構想も、この「夢」の一端かもしれない。

中国は、共産党の一党支配のもとで、全てが進められている。共産党の自信は、13億人の人々をともかくも衣食足りる状態にし、世界第二の経済大国にしたという自負である。

しかし、自信を深めれば深めるほど、投げかけられる疑問や異論に耳を傾けることを怠り、独善に陥りがちになる道理は、古今東西を通じて変わらない。「壮大な夢」を語る習近平指導部に、内外の人々が抱くのはその危うさにほかならない。

と著者は疑念を呈する。

中国は巨大な国だ。いろいろな顔を見せる。急激に変化する。その中で、

彼らが目指す「百年の夢」という大きな方向性を踏まえ、その文脈の中で目の前で起こる一つ一つの現象を見ていくことは、中国を知る上で有用だと考えている。（P．27）

と著者は言う。この「百年の夢」を基軸にして、千変万化する事象を受けとめたらどうか、というわけである。

さらに、私の読後に感じたことは、新中国成立までの「屈辱の百年」（他国に侵略されていた年月）ということが重くのしかかる。このことを常に意識しながら中国の動きを見つめなければならないと思う。共産党一党支配の正当性の淵源は、「屈辱の百年」から人々を解放したのは我ら共産党だ、という強い自負である。

海洋権益を巡る強硬路線も、南シナ海、東シナ海の島々は、「屈辱の百年」の中で「奪われた海」であり、今や、それを取り戻す正当な行為だという信念が強い。

本書によって、中国問題が全て解明されるわけではない。しかし、10月の党大会で、習近平指導部は新たな段階に入る。その行方を見定める有力なガイドブックになることは間違いない。お薦めの一冊である。

バッタを倒しにアフリカへ

前野 ウルド 浩太郎 著

光文社新書

書店で本書を見つけて、著者名の「ウルド」とは何だと思った。読んでいくうちにわかったが、著者は、西アフリカのモーリタニアに、31歳の時、サバクトビバッタの研究のために渡る。そこの研究所長に「…さすがサムライの国の研究者だ。お前はモーリタニアン・サムライだ！今日からコータロー・ウルド・マエノを名乗るがよい！」と言われ、名前を授かることになった。

「ウルド」とは、モーリタニアで最高に敬意を払われるミドルネームで、「○○の子孫」という意味がある。（P．83）

というわけである。

著者は、子どもの頃、「ファーブル昆虫記」に感銘を受け、将来は昆虫学者になろうと心に誓った。以来、バッタの研究に取り組み、博士号を取得した。しかし、「バッタの研究」では飯を食っていけない。

そこで、農作物を喰い荒らし、深刻な飢饉を引き起こしているアフリカのバッタに着目することになる。

こんな重大なバッタ問題なのだが、アフリカの地に腰を据えて研究している研究者が少ないということもわかった。

そこで著者は、「バッタを倒しにアフリカへ」渡ることになるのである。

現地の研究所のババ所長との巡り合いが著者に与えた影響は大きいように思う。挫折しそうになると励ましてくれる。人間関係で悩むと適切なアドバイスをしてくれる。研究環境を整えるために、いろいろと便宜を図ってくれる。

本書を通読してみると、ババ所長の存在は大きい。

自然は単なる数字じゃ説明できないのだよ。自分で体験しなければ、自然を理解することは到底不可能だ。自然を知ることは研究者にとって強みになるから、これからも野外調査をがんばってくれ。（P．188）

ほとんどの研究者はアフリカに来たがらないのに、コータローはよく先進国から来たな。

毎月たくさんのバッタ論文が発表されて、そのリストが送られてくるが、タイトルを見ただけで私はうんざりしてしまう。バッタの筋肉を動かす神経がどうのこうのとか、そんな研究を続けてバッタ問題を解決できるわけがない。（P．81）

というようなことで、フィールドワークの重要さを唱え、著者を激励するのである。

また、相棒としての運転手兼現地ガイドをつとめるティジャニ氏の存在も大きい。現地で困ったことが起こると、ティジャニ氏が登場してくる。

さて、なぜサバクトビバッタは大発生するのか？

本書は学術書というよりは、アフリカでの研究生活の苦労話の色彩が強いが、113ページに、ちょっと説明がある。

まばらに生息してる低密度下で発育した個体は孤独相と呼ばれ、

（中略）

高密度下で発育したものは、群れをなして活発に動き回り、幼虫は黄色や黒の目立つバッタになる。これらは群生相と呼ばれ、黒い悪魔として恐れられている。成虫になると群生相は体に対して翅が長くなり、飛翔に適した形態になる。（P．113）

長年にわたって、孤独相と群生相は別のバッタだと考えられてきたが、孤独相のバッタが混み合うと群生相に変身することが突き止められ、この現象は「相変異」と名付けられたのだそうだ。

「相変異」のメカニズムの解明が、バッタ問題のカギを握っているらしい。

本書は、前述のとおり、アフリカでのバッタ研究の奮闘記であるが、また別の読み方もできる。

モーリタニアの文化誌、風物誌としても、貴重な記述がたくさんある。未知の国の習俗・風土を知るのも誠に興味深い。

記述は平易でわかりやすい。中学生でも十分に読みこなせる。岡山県高等学校図書館ネットワーク研究委員会「高校生に読んでもらいたい本コンテスト」で大賞を受賞したという紹介文が「帯」にある。「2018若い人に贈る読書のすすめ」にも選定されたともある。夢に向かって、ひたすらに努力する著者の生き方に触れてほしいということであろう。

国境なき助産師が行く
――難民救助の活動から見えてきたこと――

小島毬奈　著

ちくまプリマー新書

「難民救助」というたった漢字四文字の活動が、いかに困難な活動であるか、そして「難民」となった人々が、生と死の紙一重のはざまで、いかに生き延びているか、その壮絶な姿が、実体験に基づいて、事細かに語られる。

ニュースなどで、難民何千人と一括りにして語られるが、一人ひとりに生命があり、生活があるのだということを本書を読んで痛切に感じた。

そして、難民救助のために、献身的に活動する人々の姿に感動し、頭が下がる。すごい本だ。

著者は、日本の医療の現場に違和感を感じて、「国境なき医師団」に身を置くことになった。助産師として、以下のとおり働くことになる。その体験、見聞録が本書である。

パキスタン（ペシャワール）の病院（2014年3月～7月）
イラクのシリア人難民キャンプで働く（2015年3月～9月）
レバノンの難民キャンプでの活動（2015年12月～16年9月）
地中海難民ボートでの活動（2016年11月～17年2月）
南スーダンの国連保護区で働く（2017年5月～9月）
いずれの地域も、過酷な環境・条件の中での活動である。

著者は、日本の病院で年収600万円位を得ていたが、「国境なき医師団」で海外に派遣されると、月に11万円程度の給料となる。しかも帰国すれば、給料は出ない。

こういう条件の中で、著者は、このように述べる。

でも、働くことを楽しめるかどうかは、自分の仕事を「お金を得る手段」として捉えるか、「やりたいこと、なりたい自分、見たい景色」のための手段として捉えるかどうかで決まると思います。（P.44）

さて、派遣されたいずれの国、地域でも、女性の社会的地位が低い。イスラム圏、アフリカ諸国でも、女性の社会的地位が低い。その中に、女性として、助産師として入っていくことは、男性（医師）として活動するより、さらに困難なことがあるだろうな、と想像する。

その中で果敢に活動するのである。

シリアやイラクでも戦争前には学校もあり、様々な職業に就くことができました。しかし、戦争が始まってここ10年弱の間、教育がないのです。例えば、5歳で生まれた子どもは、15歳になった今でもきちんとした教育を受けていません。いつの日か戦争が終わった時に、教育を受けていない若者が国を復興させることができるでしょうか、とても不安です。（P.65）

戦争がない日本で育った私に世界の現実を教えてくれました。ごく普通の生活を失った悲しみだけでなく、あふれる笑顔や未来への不安と希望もあるということ。それは、ここに来て、目で見て肌で感じなければわからなかったことです。（P.68）

と述べる。

読み進めるうちに、読者も、この著者の感慨に深く共感する。

どの地域でのレポートも胸をうつが、最も壮絶なレポートは、「地中海難民ボートでの活動」である。

著者は、リビアからシチリア島を目指してボートで向かう難民を救助する地中海捜索船

「アクエリアス号」の助産師として働く。船中でもお産がある。船上での妊婦健診もある(レイプから妊娠した女性もたくさんいる)。

2016年〜17年だけで、8,000人近くの難民が、リビアからイタリアへ渡る途中で命を落としているという。実際にはもっと多くの人が亡くなっているらしい。ギュウギュウ詰めの船内で、船底で圧死する人もいるという。子ども、新生児もボートに乗っている。各地からリビアへ来るまでも砂漠を横断するなど大変で、リビアに着いても強制労働、人身売買、売春強要の後に、ようやくボートでイタリアへ行くチャンスがやってくるのである。

救助活動に当たるスタッフも誠に壮絶な闘いである。640人の難民のゴミ、糞便、ゲロ、悪臭の中で奮闘している。「トイレのパイプが爆発！あたり一面ウンコの海」という小見出しも見られる。

著者は、イタリアに着いた人々への想いも述べる。

知り合いも家族もいない異国で、イタリア語も話せない、読み書きも満足にできない。さらに難民に対する逆風が吹く中、「難民」または「亡命希望者」として自立して生活していくことがどれだけ大変か。(P.153)

著者は、この本を書いた動機を「おわりに」の中で、次のように述べる。

地中海難民をはじめ、世界では多くの人が過酷な環境で生きていることを知ってもらい、日本以外の世界に興味をもってもらえたらという気持ちがあったからです。（P．220）

私は、年末から年始にかけて、この原稿を書くために、本書を読み返したが、のうのうと暖かな部屋で雑煮を食べている自分に、何かいたたまれない思いを感じた。

先生方だけでなく、生徒（中学生）にも話してほしい内容の本である。

ぼくはイエローでホワイトで、ちょっとブルー

ブレイディみかこ　著

新潮社

新潮社のＰＲ誌「波」に連載されていて、私は、毎号楽しみに読んでいた。それが、一冊の本にまとめられた。

本書を一言でまとめるなら、人種差別、貧困差別の日常の中で柔軟にたくましく成長する親子の物語、ということになるだろうか。

イギリス、ブライトン市の元底辺中学校で日常的に起こる人種差別、貧困差別が「ぼく」「母ちゃん」（著者）の感想、怒り、悲しみなどと共に語られる。

とにかく、一気に読める。

しかし、各ページには、きわめて示唆に富んだ言葉が、さらりと述べられているので要注意だ。

「6．プールサイドのあちら側とこちら側」（P．86）を紹介しよう。

「ぼく」が市主催の中学校対抗水泳競技大会に選手として出場することになった。プールサイドのこちら側は、生徒たちでごったかえしている。それに対して向こう側はたくさん空いている。

なぜか？と著者が問うと、隣にいたお母さんが言う。


「あゝ、向こう側は、ポッシュ校だから」

「ポッシュ校？つまり私立校ってことですか？」

「そう。こっち側は公立校で、向こうは私立校のサイド」（P．68）

著者は、

英国は階級社会だとか、昨今ではソーシャル・アパルトヘイトなんて言葉まで登場している、というようなことを、わたしはこれまでさんざん書いてきたけれども、こうもあからさまな形で見せられるといまさらながらびっくりするな。と思った。（P．89）

と言う。

レースも、公立校と私立校は別々に行われる。泳ぎっぷり、水着にいたるまで、まるで違う。一緒に泳いだら、もう、まったく勝負にならない。

さらに、公立校の中でも、また、差がある。

親の所得格差が、そのまま子どものスポーツ能力格差になってしまっているのだ。（P.93）

と著者は所感を述べる。

庶民とエスタブリッシュメント。99％と1％、という言葉が浮かんだ。正確には、2つのプールサイドの場合は6校と3校だが。（P.97）

と所感を続ける。

話は変わるが、「ぼく」の友だちに、ハンガリー移民のダニエルと、坂の上の高層団地（貧困層）に住むティムがいる。

ダニエルは、人種差別的な発言が多い。ティムとは仲が悪い。「ぼく」は、この二人の間に立っている。

こんなことがあった。

ティムの兄ちゃんが、車で「ぼく」を送ってくれることがあった。するとダニエルも、母ちゃんが、車で送ると言っている、という。

「ぼく」は、板ばさみになる。

ある雨の日に、両方から電話がかかってきて、「ぼく」は困ってしまう。しかし、「ぼく」

は、両方断って、雨の中、ぬれて登校するのである。

エンパシーとシンパシーの違いについての親子の問答も面白い。

「エンパシーとは何か」という試験問題に「ぼく」は、「自分で誰かの靴を履いてみること」と答える。

もっと細かな説明は、本書の75ページに出ている。誠に興味深い。

時々、「配偶者」（著者の夫、アイルランド人）が顔を出すが、この方がなかなか面白い。魅力がある。

そういう両親の中で、「ぼく」は育ってゆく。

先生方はもちろん、中学生にも楽しく読める一冊である。ぜひご一読を。

（なお、「波」誌の連載は、２０２０年3月号で終わり。残念！単行本がまた出るらしい）

（さらに、英国での新型コロナウィルス感染者が20万人をこえ、死者も3万人をこえている。【２０２０年5月7日現在】ブライトン市民の方々は、元気だろうか）

聞き書　緒方貞子回顧録

野林　健・納家政嗣　著

岩波現代文庫

国連難民高等弁務官などをつとめた緒方貞子氏が亡くなったのは、２０１９年10月22日である。92歳であった。そこで、今月、10月号の「今月の一冊」に本書を取り上げて、その偉大な業績をたどることとしたい。

「聞き書」とあるのは、二人の編者が、たくさんの質問を用意し、13回に及ぶインタビューを行い、その記録に緒方氏が手を加えてまとめたものである（「はしがき」に２０１５年初夏とある）。語り口は柔らかでとりつき易いが、内容は分厚く、一言一言が、ズシリと重みがあり、緒方氏の骨太な人物像と複雑な国際社会のあり様に直面することになる。

この偉大な国際人の生涯を簡単にまとめることなど困難である。本書だけでも、文庫版３４０ページに余る大著であり、通読するのも、なかなか大変だ。したがって、まとめるというよりは、私が通読して、特に印象に残った事柄を述べることとしよう。

第一に、緒方氏の家庭環境のことである。祖父も父も外交官として活躍し、子どもの頃から米国や中国などで過ごし、政治や国際関係のことが話題になる環境に育った。語学はもとより、国際感覚は、子ども時代から培われてきたのである。第1章「子どもの頃」、第2章「学生時代」に詳しい。

第二に、研究者としても優れた研究実績を残している。「満州事変と政策の形成経過」という論文が高く評価されている。第3章の中で、

日本はなぜあのような戦争へ突入していったのか。この問いは私の生い立ちにも関係していましたし、また当時の研究者であれば誰もが抱いたものだと思います。

と述べている。

第三には、「研究と実務の一体化」ということである。このことは、氏が随所で述べている。研究を実務に生かすということである。

第四には、徹底した現場主義ということである。第6章「国連難民高等弁務官として(上)」に、次のような言葉がある。

私たちが向き合っていたのは、人の生き死にの問題でした。難民を放っておけばそれだけ死者が増える。そういう緊迫感はみんな持っていました。大事なときは行動しないとならないのです。

コソヴォ難民問題、第7章で述べられているルワンダ難民問題でも、氏は危険をおかして、現地に何度も足を運ぶ。読みながら、思わず手に汗がにじんでくる。現場主義の姿勢は、後にＪＩＣＡの理事長に就任しても貫かれている。若い職員をどんどん現場に派遣して、勉強させている。

第五には、人道主義であるが、

柔軟だが徹底したリアリストでもある（Ｐ．３３７「編者あとがき」）

ということである。

人の生命を守ることが一番大事なことで、そのことに従来の仕組みやルールがそぐわないのならルールや仕組みを変えればよい、それが私の発想でした。（Ｐ．２３２）

と述べている。

本書の巻末に中満　泉氏の「解説　緒方貞子さんの真骨頂」という文章があり、そこに「人道主義者とリアリスト、実務者と学者」とまとめられている。まさに至言である。随所に、厳しい体験に根差した「緒方語録」があるが、一つだけ引用して結びとしよう。

いまは、政治家まで官僚化していますね。戦略的思考なんて考えたこともない、内向きの人ばかりになってしまったのではないですか。安定を壊さないように、なるべく現状維持に

努める政治家か、そうでなければ、先のことをまったく考えずに発言して、安定を壊してしまう政治家がいるだけです。……（P. 88）

今の政治家の方々は、この言葉をどう受けとめるだろうか。

ところで、２０１９年12月４日には、アフガンで精力的に活動していた、医師　中村哲氏が凶弾に倒れている。２０１９年に、国際的に誇るべき、二人の方が亡くなったことになる。誠に残念な年であった。

緒方氏の人物像に触れながら、ダイナミックな国際社会の動向や各国の数多くの優れた指導者群にも触れることができる。

圧巻の書である。

この不寛容な時代に
―ヒトラー『わが闘争』を読む―

佐藤 優 著

新潮社

ヒトラーの「わが闘争」は、世界を変えた書と言っていい。

しかし、今、私たち（少なくとも私）は、この書を読んでみようとしないだろう。また、難解で、読みこなせないだろう（「難解さ」については、本書を読んでいくうちに、著者（佐藤氏）によって解説されていく）。

だが、本書（「この不寛容な時代に」）によって、佐藤氏の手ほどきを経て、「わが闘争」を通読することができる。

ずいぶんかみ砕いて、比喩や事例をあげながら解説してくれるのだが、私には、理解不能の箇所もたくさんある。しかし、それでいて、ぐいぐい引き込まれて読み進めてしまう。不思議な魅力に満ちた本「この不寛容な時代に」である。

本書は、「新潮講座」での佐藤氏の講義を再構成したものだという。参会者とのやり取りも採録されているが、ハイレベルな問答で、私などは、立ち往生してしまうだろう（参加しなくてよかった）。

さて、今、なぜ、ヒトラーの「わが闘争」なのか。著者は、「まえがき」の中で、次のように述べる。

> 今回の新型コロナウイルスは大きな脅威となっている。このような状況で、アドルフ・ヒトラーの「わが闘争」から批判的に学ぶことには大きな意味がある。ヒトラーによるナチズムは、客観性、実証性を無視した神話によって国民を束ねるところにその特徴があるからだ。その際に必ず起きるのが、司法権、立法権に対する行政権の優位だ。
>
> ……（中略）……
>
> ヒトラーは、第一次世界大戦後、不安定になった国民心理をデマゴギーによって巧みに操って権力を奪取した。新型コロナウイルスによる危機を利用して、権力を掌握する独裁者型の政治家が台頭する可能性を軽視してはならない。その意味で、「わが闘争」の負の遺産から批判的に学ぶべき事柄が少なからずある。（まえがき）

まず、ウンベルト・エーコ（イタリアの評論家・美学者　1932年～2016年）の「不寛容」をめぐる論文、エッセイから読み解く。今、リベラルもネトウヨも関係なく「不寛容」になっている、と著者は読み解く。
私が驚愕したのは、第三章「性も健康も国家が管理する」のうち、「不治者の断種」の項である。「わが闘争」の中の一文。

欠陥のある人間が、他の同じように欠陥のある子孫を生殖することを不可能にしてしまおうという要求は、もっとも明晰な理性の要求であり、その要求が計画的に遂行されるならば、それこそ、人類のもっとも人間的な行為を意味する。（本書　P．132）

この後、佐藤氏の講義が続く。

……（前略）……

精神障害者も殺してしまったほうがいい。無慈悲なようだが、それが全体にとっては極めて人道的なのだ。こういう考え方は、相模原の障害者施設「津久井やまゆり園」での大量殺傷事件にすぐ繋がっていきますね。合理性や生産ということだけで考えていくと、ここへ行きつく可能性がある。そんな思想が既にここで芽生えている。これは生命観の問題です。（P．133）

たくさんの示唆に富む、きわめて重厚な本であるが、私が注目したもう一つの事項について触れよう。それは、第五章「総統の逆問題」のうち、「中間共同体の重要性」の項である。著者によれば、

グローバル資本主義にもファシズムにも抗するためには「中間共同体」の再建が重要だ。（P．208）

という。そして、今の日本では、

例えば連合傘下の労働組合なんかはもうボロボロになって、ほとんど中間団体として機能していない。（P．209）

と述べる。

日教組も日高組も以前のような影響力はなくなった。社会のいろんな面において、一人一人がばらばらになって、中間団体的なものに結集できていませんよね。（P．209）

と指摘する。

ここの論考は、大変興味深い。中間団体を維持するのは掟《おきて》である、と指摘する（法とは別の規範である）。

中間団体は、独自の互助システムを持っているが、それが壊れているというわけである。今の教職員組合について考えるのに一石を投じられた感がある。

難解な箇所もあるが、今の時代を見つめる好著である。ぜひ挑戦していただきたい。

Ⅲ

鎮魂の月　八月に読む

それでも、日本人は「戦争」を選んだ

加藤陽子　著

新潮文庫

東アジアの情勢が緊迫している。

この原稿を書き終わった時点で、どういう状況になっているか予測がつかない。

本書は、文庫版であるが、４９７ページの大著である。私立・栄光学園の中・高校生を相手の５日間の講義をもとに本書が書かれている。中・高校生といっても、かなり優秀な生徒さんで、途中、ところどころに入っている先生との問答を読んでも、ハイレベル中・高校生であることがわかる。

しかし、講義録がもとになっているので、テーマは重いがとても読み易い。わかり易い。

さて、日本は、明治以来、対外戦争を四回戦ってきた。日清、日露、第一次世界大戦への参戦、そして、満州事変から日中戦争、太平洋戦争である。

この四つの戦争について、指導者、軍人のみならず、一般国民が、どういう心情、どういう理屈で、戦争やむなしという判断を下したのか、膨大な史料をもとに、熱く語られてゆく。

序章　日本近現代史を考える
1章　日清戦争
2章　日露戦争
3章　第一次世界大戦
4章　満州事変と日中戦争
5章　太平洋戦争

という章立てである。

この大著を全て網羅的に紹介することなど到底できない。勢いつまみ食いになってしまう。

私が興味を引かれたところなどを二、三紹介しよう。

まず、序章。

この序章だけでも、じっくり読みひたる価値がある。とりわけ、「歴史の誤用」の節が興味深い。

政治的に重要な判断をしなければならないとき、人は過去の出来事について、誤った評価や教訓を導き出すことがいかに多いか

と著者は総括し、アメリカ人の歴史家アーネスト・メイ先生の話を紹介する。

メイ先生は、「なぜ、これほどまでにアメリカはベトナムに介入し、泥沼にはまってしまったのか」という問いを立てる。アメリカの中でも頭脳明晰で優秀な補佐官たちが、政策を立案していたはずなのに、なぜ、泥沼にはまるような決断をしてしまったのか、というわけである。

そして、著者（加藤氏）は、これらの研究を総括して、

いかに広い範囲から、いかに真実に近い解釈で、過去の教訓を持ってこられるかが、歴史を正しい教訓として使えるかどうかの分かれ道になるはずです。

と述べる。

序章だけでも、大変読み応えのある章で、何度も読み返してみたいと思う。

さて、306ページに、「満州事変と東大生の感覚」という小節がある。

東大生（当時は、東京帝国大学生）の満州事変2か月前のアンケート調査の結果が紹介

されている。これによれば、「武力行使は正当なりや」、88％の東大生が「然り（YES）」と答えている。

戦争になってもいいと考える人が9割弱を占めている。このことに著者は驚いたと述べている。私も非常に驚いた。

読み進めていくうちに、私は、松岡洋右の意外な面を知ることになった。松岡が、当時の強硬姿勢をとる内田外相に対して、「どこで妥協点を見いだすか、よく自覚された方がよいですよ」という趣旨の電報を発している。

私は、松岡は、国際連盟脱退を主導した強硬な人物かと思っていたが、どうも、印象が違う。

これは、ほんの一例であって、本書を読んでいくうちに、新たな事実や背景などが、次々と出てくる。

多くの犠牲を払った太平洋戦争終結の月、8月に、本書を繙き、なぜ戦争に至ったかを改めて考え、さらには、緊迫する東アジア情勢についても、冷静な目で対処したいものだ。

日本軍兵士
—アジア・太平洋戦争の現実—

吉田　裕　著

中公新書

アジア・太平洋戦争が終結した１９４５年8月（厳密には降伏文書調印は9月）には、私は9歳11カ月、小学校（当時は国民学校）３年生であった。直接的な戦争の惨禍は受けなかったが、年中腹をすかしていた。

私と同年代の人たちの中には、東京大空襲の業火に焼かれ、あるいは父母と別れた疎開先で夜毎涙を流した人々もたくさんいた。

もしも私がもう10年早く生まれていれば、本書に描かれている兵士の如く、南太平洋の島で、飢えとマラリアに苦しみながら、ジャングルの中を彷徨っていたにちがいない。

いや、その戦地に行き着く前に、私のようなひ弱な精神の持ち主は、恐怖のあまり、精神に支障を来して自死していたかもしれない。

本書に描かれるのは、戦争の中の兵士一人ひとりの凄惨な死の現場である。

著者の問題意識は、戦後歴史学を問い直すこと、「兵士の目線」を重視し、「死の現場」(俳人　金子兜太の言葉)に焦点をあわせて、戦場の現実を明らかにすること、そして、「帝国陸海軍」の軍事的特性・戦争指導のあり方が現場の兵士たちにどのような負荷をかけたのかを具体的に明らかにすること、の三点である。


アジア・太平洋戦争における凄惨な戦場の実相、兵士たちが直面した過酷な現実に少しでもせまりたい。(はじめに)

というわけである。

しかし、語り口は冷静で、可能な限り統計数字と、数多くの証言を集積し、きわめて科学的な態度である。参考文献だけでも細かい文字で9ページに及ぶ。

本書によれば、310万人の戦没者の九割は、「絶望的抗戦期」(1944年8月～45年8月)の死没者だという。戦争末期に大多数の犠牲者が出たというわけである。

しかし、これは推定値である。

驚いたことに、日本政府は年次別の戦没者数を公表していない。「そうしたデータは集計していない」(厚労省)とのことである。わずかに岩手県のみが年次別の陸海軍の戦死者数を公表していて、これに基づいた推計値というわけである。

これまでも、この数字について、多くの論考がなされてきたが、本書を読んで、私が改めて学んだこと、初めて知ったことなどを紹介しよう。

まず、膨大な戦病死者と飢餓者の数である。戦場における兵士の死といえば、戦闘による死を思い浮かべる。しかし、ある「部隊史」によれば、

戦病死者が全戦没者の中に占める割合が、1944年以降は73.5%にものぼる（P.30）「支那駐屯歩兵第一連隊史」

とのことである。

また、餓死者も非常に多い。

藤原彰氏の研究では、戦没者の61%、秦郁彦氏の推定餓死率では37%という。栄養失調による餓死者、及び栄養失調によりマラリアなどに感染して死亡した人たちである。

このような多数の餓死者を出した最大の原因は、制海・制空権を失って補給路が断たれた結果である。

次に、本書の特徴的な著述は、兵士の被服、糧食、体格の問題やメンタルな面を含めた健康や病気に関する記述である。

「兵士の目線」を重視して、兵士の戦場での身体の問題に注目している。私は類書にはない衝撃を受けた。

軍医の証言が続く。

結核の拡大や歯科医療の遅れなどが指摘されている。特に歯科医師（将校）は、敗戦時には、たった300人ほどだったという。何日も戦闘が続く中で、歯みがきなどしていられない状態で、兵士は歯痛に苦しんでいたのである。

また、自殺者の問題も取り上げられている。

特に内務班での古年兵による初年兵への私的制裁による自殺者も多く、初年兵は極度の過労に陥った（結核の温床ともなった）。野間　宏「真空地帯」（映画も）に活写されている。

兵士の被服の装備についても、私は初めて知ったことがたくさんある。

本書の「兵士の目線」の具体的な記述である。

例えば、鮫革の軍靴の話が出てくる。

物資不足が深刻となり、牛革で造られていた軍靴が、馬革、豚革となり、ついには鮫革の軍靴が登場するようになる。

（P.128）大岡昇平の文章が引用されている

また、無鉄軍靴のことも出てくる。

軍靴には、強度を増すために釘や鋲などがかなり使われているのだが、鉄材節約のために無鉄軍靴となったのである。（P．130）

孟宗竹による代用飯盒・代用水筒の話も出てくる。兵士にとって、飯盒は文字通りの「命綱」であった。

この飯盒があれば例え米はなくとも野生の草を煮て喰べることができる（P．132）インパール作戦に従軍した田部幸雄氏の言葉

その飯盒はおろか、竹筒の水筒しか持たない兵士が徐々に増えていったという。紙数が尽きたので、ここでペンを置くが、

約230万人といわれる日本軍将兵の死は、実にさまざまな形での無残な死の集積だった。その一つひとつの死に対するこだわりを失ってしまえば、私たちの認識は戦場の現実から確実にかけ離れていくことになる（P．80）

という著者の言葉の重みをしっかりとかみしめたい。

戦争が立っていた

――戦中・戦後の暮しの記録　拾遺集　戦中編――

暮しの手帖編集部　編

暮しの手帖社

本書は、「戦中・戦後の暮しの記録　君と、これから生まれてくる君へ」（2018年刊）の続編である。前作には収録されなかった原稿と、さらに、1968年に暮しの手帖社が特集した「戦争中の暮しの記録」に応募した原稿も掲載されている。

蘇る「あの日々」を体感してください。（まえがき）

と、まえがきにある

さらに

二度とあんな悲惨な戦争を繰り返さないように。まずは原点「ひとりひとりの暮しを大切に」という当たり前のところに立ち戻ること。

（中略）

時代の動きに目を瞠《みは》り、耳を澄ませて。鋭敏でいること。流されないように。いま必要なの

は、賢さと勇気です。そしてたっぷりの優しさです。すべての投稿原稿が、そう教えてくれています。　―戦争が廊下の奥に立ってゐた―　渡邊白泉（まえがき）

と、まえがきを締めくくる。

私（筆者）が昭和11年（1936年）9月生まれで、終戦（敗戦）の年、昭和20年（1945年）8月には、9歳であった。ここに収録されている多数のできごとについては、断片的にしか思い出さない。

しかし、戦中・戦後を通して、いつも空腹であったことは覚えている。特に甘い物は一切なかった。おかげで、「ノイチゴ」や「ヤマモモ」が、いつごろ、どこに実るかなどを正確に覚えていて、甘酸っぱいこれらの実を味わった。

本書の記録を読むと、一遍々、胸を衝かれる。やはり同世代の方々の記録故だろうか。しかし、大事なことは、私たち、記録者と同世代の者が、記憶を共有することではなく、次世代、次々世代に、教訓や体験を少しでも語り継ぎ、伝えることである。

引用したい記録は山程あるが、紙数の都合で、それはできない。

私の特に印象に残った記録を紹介しよう。

☆大石徳雄さん。95歳。娘の上坂和美さんの聞き書きが載っている。(P．79)

大石さんは、継母に丸太でなぐられて、左耳が聞こえなくなった。しかし、22歳の時に「赤紙」(召集令状)が来る。再検査の末に不合格になる。

わたし(娘の和美さん)が子どもの頃、父は戦争の話は全くしませんでした。自分が戦争に行かなかったという負い目を持っていて、そのことに触れたくなかったのです。けれど、八十代後半になった頃より、ぽつりぽつり話しはじめました。世の中が戦争に向かって進んでいる気がするので、戦争の悲惨さ、つらさ、むなしさを伝えておきたいと思ったそうです。

(娘の和美さんの言葉)(P．84)

☆「サイパン島に眠る父よ弟よ」(小玉和子さん　80歳)

サイパン島玉砕の悲劇を克明に綴っている。

「泣く子は殺せ。防空壕から出ろ。貴様の子か、殺せ！俺達と子供のどっちが大事なんだ。早く殺せ！」こんな怒声に戸惑いを感じました。女の人が抱いている赤ちゃんが泣いて困っていました。いつの間にか、赤ちゃんの泣き声が消えると同時に、女の人のすすり泣く声が細く長く聞こえてきました。早朝、その女の人は海に飛び込みました。こうして、我が子に手をかけた親達が沢山いました。

残念なことに、私の父もその一人でした。弟は、一カ月余の逃避行で衰弱していました。

父は、私の目前で弟の首をしめました。咄嗟に私は父の手首に噛みついて抵抗しました。

（中略）

弟の死に顔は今でも忘れられず、思えば涙が止まりません。（以下略）（P．172）

巻頭に小さな文字で「暮しの手帖」の創刊者であり、偉大な編集者であった　花森安治の言葉が添えられている。1968年・夏「特集・戦争中の暮しの記録」に載ったものである。


戦争の経過や、それを指導した人たちや、大きな戦闘については、ずいぶん昔のことでも、くわしく正確な記録が残されている。しかし、その戦争のあいだ、ただ黙々と歯をくいしばって生きてきた人たちが、なにに苦しみ、なにを食べ、なにを着、どんなふうに暮してきたか、どんなふうに死んでいったか、どんなふうに生きのびてきたか、それについての、具体的なことは、どの時代の、どこの戦争でもほとんど残されていない。

その数すくない記録がここにある。（巻頭）

本書は、普通の人々の「暮し」から、戦争を照射した貴重な記録である。

ぜひ、若い方々に手に取ってほしい。

「無言館」の庭から

窪島誠一郎　著

かもがわ出版

八月の「今月の一冊」は、特別な思い入れで、本を選んでいる。私の世代では、やはり、八月は鎮魂の月という思いが強い。それにふさわしい本を選びたいと思ってきた。

さらに、今年は、コロナ禍で、いつもと事情が違うが、八月は、先生方が夏休みで、ちょっと余裕ができ、選り優りの一冊をお読みいただきたい、という願いもある。

今年は、本書を選んだ。

「無言館」とは、長野県上田市郊外にある私設美術館（著者・窪島氏が設立）である。

先の日中戦争、太平洋戦争に出征して戦死、画家への夢を果たすことなく亡くなった画学生たちの遺作、遺品を展示している美術館である。（P．8）

開館して21年になるという。

著者・窪島氏は、３年半の歳月をかけて、全国の遺族宅を訪問し、画学生たちの遺作や遺品を集め、併せて、戦死に至るいきさつや、作品への思いなどを伺い、展示に至ったものである。

私は、ＮＨＫラジオで窪島氏の話を聞き、もう10年以上前に、この「無言館」を訪問している。

窪島氏の「無言館」へかける思いは、本書の各所に述べられているが、例えば、次のような箇所に表れている。

私の気持ちが変わってきたのは、ご遺族から預かってきた画学生の絵が発する「もっと生きたい」「もっと描きたい」という声に衝撃をうけたからだった。なん度ものべるように、一点一点の絵はけっして完成された作品ではなく、まだまだ発展途上というしかない画家の卵たちの絵だったのだが、かれらが描いた妻の絵、恋人の絵、兄妹の絵、ふるさとの絵一つ一つからきこえてくる「生きたい」「描きたい」という声は鮮烈だった。そしてその声は、それまでノホホンと生きてきた「戦争体験ナシ」の私にむかって、「おまえはどう生きてきたのか」という重い問いを発する声にもきこえたのである。（P.15）

くりかえすなら、私自身の「戦後」をもう一ど見つめ直すために、「無言館」をつくったといってもいいのである。（P．16）

そして

鑑賞者はそうした絵の出来不出来や芸術的真価よりも、若者たちの未来を断ち切った「戦争」という時代のほうにより多くの関心を寄せたのである。（P．34）

と述べる。

本書の全編を貫いているのは、

画学生たちの作品の前に立つたびに私を領する「自分はあなたたちのもとめていた戦後日本を実現したのか」という問いに打ちひしがれるからだ。（P．128）

という、著者・窪島氏の苦悶する姿である。

ちょっと話題が変わるが、窪島氏は、作家・水上勉が父とのことである。戦争中に生き別れて、戦後、30余年も経って、父・水上勉と再会した。窪島氏、35歳、父・水上勉は58歳であったという。

また、生母との対面のいきさつも述べられている。第5章「『あの時代』の記憶」に詳しい。

著者は、縁あって、大阪千代田短期大学、同大学附属暁光高校に、月一回講義をしに通うことになった。

その高校生たちの「無言館」の絵に対する感想が、清新で美しい。全編に重苦しい重低音が流れるが、ここにきて、澄んだフルートの音色を聞く思いである。

鎮魂の月・八月に、ぜひ、手に取っていただきたい一書である。

Ⅳ

言葉を磨く

季語集

坪内稔典　著

岩波新書

「オリオンの　盾新しき　年に入る」（橋本多佳子）

お正月にふさわしい一冊はないかと思案しているうちに、本書に思い当たった。この「季語集」は、私が手元に置いて、折々にページをめくってきた本である。２００6年4月20日第一刷のものだから、もう10年も前から繙いていることになる。どのページを開いても、季節季節の香りが沸き立ってきて、何か落ち着いた気分に浸れる。

まえがき「季語を楽しむ」の中に、興味深い一節を見つけた。

人がことさらに季節を意識するようになるのは、中年になってからのようだ。心身がやや衰えかけたとき、そのような自分の支えとして、季節を意識する。季節の言葉、すなわち、季語を重んじる俳句への関心もその時期に生じる。（まえがき）

とある。子どもや青年は季節に鈍感であるという。エネルギーに満ちた子どもや青年は、ことさらに季節を意識することがない。そう言えば、冬でも半袖の若者を見かける。

さて、この「季語集」であるが、伝統的な季語に加えて、バレンタインデー、球春、デッキチェア、原爆忌など、新しい季語も入れて、300の季語についての著者の感慨を述べている。1ページ1語を守り、各ページの終わりに古典的な句一句と新しい句一句を添えてある（ちょっと脱線。欧風バカ騒ぎ・ハロウィーンは入っていない）。どのページも誠に味わい深いエッセーである。

冬・新年の中から一つ紹介しよう。

「寒月」の項。

寒月や　思惟《しい》の仏の　指の先（水上　博子）

寒月を見上げていると、その月の位置は、仏の指のさきのような気がした、という俳句。寒月の神秘的な気配をよくとらえている。その仏は、例えば中宮寺《ちゅうぐうじ》の半跏思惟《はんかしゆい》像であろうか。

その後に、思わずクスリとするような一節が出てくる。

水島寒月。漱石の「吾輩は猫である」の登場人物である。「蛙の眼球の運動作用に対する紫外光線の影響」という博士論文に取り組んでいる。「計画は遠大だが、意義はさほどありそうもない」と言うのが著者坪内氏の所感である。ちなみに昨年は、漱石没後100年の年であった。

四季を楽しみ、言葉を味わう、読む歳時記である。書棚の一隅に一冊どうぞ。

冒頭の「オリオン」の句は、本書からの引用ではない。角川書店「合本　俳句歳時記」から拾った。私のお気に入りの一句である。

雨のことば辞典

倉嶋　厚・原田　稔　編著

講談社学術文庫

ある書店で、辞典・事典のコーナーを見ていたら、分厚い辞典類に挟まれて、窮屈そうに縮こまっている本書を見つけた。

文庫で266ページの小さな本だが、私は、「へぇーっ。雨の言葉だけ集めた辞典があるんだ」と、いたく感動し、購入した。それに編著者の倉嶋　厚氏の名前も大変懐かしい。倉嶋氏は、今のお天気キャスターの草分け的存在で、NHKテレビでわかり易く、また、詩情溢れる気象情報を担当していた。

「学術文庫版あとがき」を読むと、2014年3月で満90歳とのことである。たぶん、まだご健在だと思う。

さて、「帯」に「あなたはいくつ知っていますか?」と問いかけがあり、雨にまつわる次のような言葉が掲げられている。

甘霖《かんりん》、片時雨《かたしぐれ》、狐の嫁入り、神立《かんだち》、夜春《やしゅん》、お糞流《くそなが》し、小糠雨《こぬかあめ》、大抜《おおぬけ》、風《かぜ》の実《み》、躙上《にじりあが》り

さて、皆さんは、いくつ知っていますか。

私は、恥ずかしながら、狐の嫁入り、神立、小糠雨しか知らなかった。「躙上り」に至っては、仮名がふってあるので、茶室の躙口《にじりぐち》と何か関係あるのかと思ってしまった。それぞれ、どんな意味があるのか、お求めの上、巻末の索引でお調べ願いたい。

原本は、2000年8月に刊行されているが、その「まえがき」に面白い話が載っている。

すこし古い統計資料だが日本洋傘振興協議会の調査によれば、日本人一人あたりの傘の平均所有本数は、男　1.8本、女　3.5本

とのことである。

また、1984年ごろは日本における傘の1年間の需要は、約6,000万本、アメリカは約2,000万本、ヨーロッパ全体でも約2,000万本であった。

という。今は、車の普及で、傘を持たない人が増えているかもしれないが、日本人の傘の所有数は、図抜けている。それだけ、

日本人の暮らしと雨の関係は、特に深いといえる。

東京の平均年間降水量は、1、405ミリで、ロンドンは753ミリ、ロンドンの約2倍の雨が降る。

昔から日本人は、

災害と恵みの両方を持ってくる雨と付き合いながら暮らしてきたのである。

だから、日本語には、雨にまつわることばが多い。


本書には、雨にまつわることばが、1、200語ほど集められ、解説されている。方言の集録も多い。しかも、科学的な解説だけでなく、その言葉が使われた、俳句や古文などの例示もある。

例えば「小降り」の項。


雨の降り方が弱いこと。少し降ること。

と説明の後に、

雪になる　小降りの雨や　暮れの鐘　（永井荷風）

が添えられている。

「雨蛙」項では、こんな話が。

昔々、いつも親にさからってばかりいる雨蛙の子がいた。死期の近いのをさとった親蛙は、子を呼んで「死んだら川のそばに埋めてくれ」と頼む。そうすれば山に埋めるにちがいないと思ったのだ。しかし心の中ではこれまでの親不孝をすまなく思っていた子蛙は、最後ぐらい親の望みをかなえてやろうと、言われたとおり川のそばに埋めた。だからいまでも雨が近づくと、川水があふれることを心配して蛙が鳴くのだという。

あるいは、「雨嘯《うしょう》」の項。

雨に濡れながら歌うこと。

とあり、

雨の中で歌うといえば、すぐに思い出す映画が、「雨に唄えば」。主演のジーン・ケリーが雨の中で歌いながら踊るシーンはじつに印象的で、こんなにも雨を楽しく描いた映画は他にないだろう。

などと、脱線しながら、愉しそうに語るのである。

また、ところどころに挿入されている「コラム」が楽しい。

「江戸に時雨なし」、「五月雨と恋の歌」、「白い雨と蛇抜け」、「時雨と無常の雨」などは、雨と日本人の生活や心情について解説した興味深いコラムである。

近頃の豪雨禍についても、「あとがき」で解説されているし、また日本古来の雨との付き合い方の知恵を知ることで、防災という面でも役に立つ。

「引く辞典」というよりは「読んで楽しむ辞典」である。

というわけで、雨の月、6月の「今月の一冊」とした。

俳句と暮らす

小川軽舟　著

中公新書

一昨年のお正月にも「季語集」（坪内稔典）を取り上げ、「また俳句か」と憫笑する向きもあろうが、本書は、誠に味わい深いエッセーであり、やはり、お正月にふさわしい一冊として紹介することにした。

著者は、俳人であるが、また、普通のサラリーマンでもある。今（本書執筆当時）、神戸に単身赴任をしている。

第一章は「飯を作る」である。

単身赴任であるから、自分で食事の用意をしなければならない。

「レタス買えば　毎朝レタス　わが四月」

著者は、単身赴任を逆手にとって次のように言う。

台所に立って四季の移り変わりとともにある日常を味わう。今や台所は私の俳句にとっ

ても大切な舞台の一つになった。

「春めくや　水切籠に　皿二枚」

この、いわゆる「台所俳句」という分野の中に、郷土の俳人、片山由美子さんの句も紹介されている。

「朝ざくら　家族の数の　卵割り」　由美子

この後に、著者の感慨が述べられる。

三句とも（この他に細見綾子、津川絵理子の句も掲げられている）人生の特別な場面ではない。何気なく過ぎゆく日常そのものなのだが、俳句に書き留められた瞬間にそれは大切なものとして残される…

というわけである。

この本を通してうかがえることとは、著者の句作の基本姿勢は、

平凡な日常をかけがえのない記憶として残す

ということのようである。

第三章は「妻に会う」である。

「妻来る　一泊二日　石蕗《つわ》の花」

という句が冒頭にある。
単身赴任先に、年に何度か奥様が来ることもある。

穏やかな小春日和で、庭には、石蕗の花が咲き、冬日が妻の靴の辺りまで差し込む。しかし、妻が帰るともうそこに靴はない。なんだか旅館の部屋みたいだなと思う…。

と感慨を述べる。

「暑き日の　熱き湯に入る　わが家かな」

単身赴任だといつもシャワーですませていたものが、家族の家に帰るとちゃんと風呂が沸いているのである。

目をつぶって、これがわが家だと実感する

のである。このように、日常のなんでもない場面を切り取って、凝縮して俳句として結実させる。ここに、著者、小川軽舟の真骨頂を見た。

第五章は「酒を飲む」である。
この章の中で、酒を通して、著者の俳句の師弟関係が詳しく述べられる（次ページ図）。
水原秋桜子は、まったく酒を飲まない。謹厳実直な人であったらしい。著者の師の湘子は、波郷などとの交わりの中で、酒の飲み方を教わったらしい。近代俳人の巨匠たちの交流、息づかいが活写されていて、この章は、なかなか興味深い。

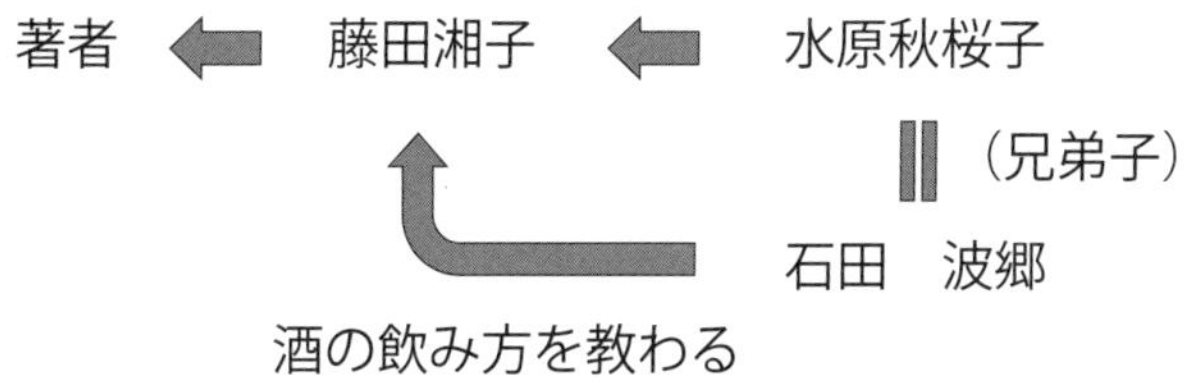

第六章は「病気で死ぬ」である。

「死ぬときは　箸置くやうに　草の花」　軽舟

という句が見える。この句は著者の作品の中でもとても人気があるのだそうだ。

82歳を迎えた私も、この世に「ごちそうさま」と箸を静かに置くように感謝しながら死ねたら…なと思う。

ＡＬＳに罹った折笠《おりがさ》美秋《びしゅう》の句に、私は強くひかれた。

「微笑《ほほえ》みが　妻の慟哭　雪しんしん」　美秋

自分にはいつも穏やかに微笑む妻だが、その微笑みこそが妻の慟哭なのだ。窓の外でしんしんと雪が降る日に美秋はしみじみそう思う

と著者は解説する。

正月早々から湿っぽい話になってしまって恐縮だが、人生の哀歓、何気ない日常を切り取り、五・七・五にうたい込む俳句の醍醐味を情感豊かに述べる本書に、私は魅了された。

好著である。

古代史で楽しむ万葉集

中西 進 著

角川ソフィア文庫

4月に、いつもの本屋をのぞいていたら、なんと、万葉集関連の本が並んでいるではないか。驚いた。

新元号「令和」にあやかっての商品陳列である。何はともあれ、万葉集関連の本が売れることは結構なことである。私も、流行に後れじと本書を手に取った。

著者、中西進先生は、話題の人でもあったし、題名が気になったからだ。

気になったというか、ちょっと違和感を覚えた。古代研究の泰斗、中西先生に異を唱えるつもりは毛頭ないが、違和感の第一は、「古代史で……」の「で」に引っかかった。「で」の意味するところが曖昧だからである。

しかし、これは、読み進めていくうちに氷解した。

「で」の意味は、言い換えれば「古代史を踏まえて」とか「古代史の流れに沿って」とかということである。

もう一つの違和感は「楽しむ」である。

肉親同士の血なまぐさい権力争いの続く古代史にあって、はたして、「楽しむ」という言葉が適切なのかどうか、と感じたのである。


前置きは、これぐらいにして、本の中身に移ろう。

本書は、一言で言えば、「古代史概説」と「万葉集入門」ということであろうか。肉親同士の血の惨劇とその中で蠢く人間模様が、活写される。しかも、著者は、上流貴人の運命だけでなく、一般庶民の苦悩にも、温かい眼差しを注ぐ。

最終章、「無名歌の世界」の中で、「都会の民衆」や「東歌《あずまうた》」、「防人《さきもり》の歌」についての著者の著述は、慈愛に満ちている。

例えば、

わが屋前《やど》の　萩咲きにけり　散らぬ間に　はや来て見べし　平城《なら》の里人《さとびと》（巻十、2287）

この歌について、
秋萩の中に恋人の訪れを待つ女の哀歓は、大きな政治の変動にはいささかもかかわらない

けれども、当人には動かしがたい重さをもった。これこそ民衆詩の真実ではないか。（P．234）

と述べる。

個人的な感想を交えて、もう一つ。

信濃道は　今の墾道《はりみち》　刈株《かりばね》に　足踏ましなむ　履《くつ》はけわが背（巻十四、3399）

（信濃路は新しく開いた道だから切り株がまだ残っている。だから足で踏まないように履をはきなさい、あなた）というのだが、

さてそういわれて履のはける庶民は、そうざらにはいない。女たちがそういい、男たちがそういわれたって無理だといって笑い合う、そんな雰囲気を楽しんだ歌で、笑い合うことで連帯を確かめ合う、温かい歌である（P．238）

私は、この「信濃道は」の歌には深い思い出がある。木更津第三中学校で、3年の国語を担当していた時、この歌を取り上げた。多くの生徒が、「夫を辺境に送り出す妻の深い愛情、不安が表れた良い歌だ」と鑑賞した。当時の学級通信にも、「現代中学生と万葉人《びと》」として感想文を載せた。

しかし、ここで著者が言うような「抒情性を裏切る笑いがひそんでいる」とは、まった

く思いもしなかった。不勉強であった。
　これは、50年を経ての発見である。
「50年を経ての発見」と書いたが、新たな発見は随所にあった。要するに、「万葉集」について、私は通り一遍の理解しかなかったということである。不明を恥じるばかりである。

例えば、万葉集が、現在のような形に向かいはじめたのが、宝亀年間（770年頃）であり、現在の形になるのは、平安時代もずっと降《くだ》った頃であろう（P.243）

と著者は述べる。したがって、初期の頃の歌は、伝承によるものがあり、作者も定かでないものもあるとのことである。改めてわかったが、万葉集の初期の作品群と、後期の大伴家持の歌との間には、150年以上の歳月があるということである。万葉集は、それだけ、壮大な歌集でもあるということだ。
　最後に、私の心に残る一首をあげておこう。

磐代《いわしろ》の　浜松が枝を　引き結び　真幸《まさき》くあらば　また還《かえ》り見む（巻二、141）
（枝を結ぶのは無事を祈る習俗である）

謀反の廉《かど》で処刑された有間皇子の歌である。

著者はこの章の終わりを次のような言葉で締めくくる。

大化以降はまことに古代史における一大転換の時であった。それなりに新時代の誕生は輝かしくはあったけれども、一面それは血と非情を代価として得た輝きであった。その非情の歴史の中から、まず最初の万葉集が生まれて来る。非情の中に非情たり得ないのが人間だからである。この人間にささえられて万葉集は芽ばえた。（P．49）

まさに「古代史で（を踏まえて）楽しむ（読み浸る）万葉集」である。

〈付記〉

馬来田の里に、地元の方々のご努力で、万葉の歌碑が9基建てられている。この際、訪ねられてはいかがだろうか。

俳句の不思議、楽しさ、面白さ
——そのレトリック——

武馬久仁裕　著

黎明書房

本書は、日本教育新聞の読書欄で八木雅之先生（旭市在住。元千葉県小学校長会会長。千葉県教育庁の課長などを歴任。私の深く敬愛する方である。長いこと日本教育新聞で健筆をふるっておられる）が、取り上げ、紹介してくださった。

さっそく、「これは面白そうだ」と購入し、読んでみた。期待どおりの一級品の随筆・評論である。

すぐにでも本欄で取り上げ、皆様にお薦めしようと思ったのだが、はたと困ってしまった。

それは、冒頭「縦書き」の章、第二章「上にあるもの、下にあるもの」で、著者は、俳句は縦書きで鑑賞するものだ、と繰り返し強調しているからである。

しかも、非常に説得力がある。

しかし、「今月の一冊」欄は、ずうっと横書きであり（ホームページ掲載時）、体裁上、急に縦書きに変えるわけにはいかない。
しかし、この本の魅力は、ぜひ紹介したい。そこで、悩みに悩んだ末に、エイヤっとばかりに、眼をつむって、横書きで書くことにした。
著者は、なぜ、俳句は縦書きで鑑賞せよというのか。第一章、第二章で例句をあげて力説する。

「まさをなる空よりしだれざくらかな」（富安風正）

例えば、「まさをなる空よりしだれざくらかな」（富安風正）について、こう述べる。

上にあるべきものは上に、下にあるべきものは下にあります。そして、真っ青な空から枝垂桜は、地上にむかって垂れ下がって来ています。真っ青な空と桜のピンク色の対比も読者に見事にイメージさせます。そして、空を間にして、すべてひらがななのは、空の上のひらがなが、まさをなる空という空間を、空の下のひらがなが、空の下に垂れ下がっている枝垂桜の枝の形象になっているのは言うまでもありません。（P．18）

まさに脱帽である。

第二章「赤と白の順序」も縦書きの魅力と言っていいだろう。

「赤い椿白い椿と落ちにけり」（河東碧梧桐）

「赤い椿白い椿と落ちにけり」（河東碧梧桐）で、著者は、「なぜ最初に『白い椿』でなく『赤い椿』が来ているのか」と問いかける。

情景としては、「赤い椿と白い椿が、互い違いにいつまでも落ちていく美しい光景」である。

しかし、著者は言う。

俳句が書かれる前の何もない空白の世界に、いきなり「白い椿」を持ってきても、「白い椿」がはっきりしないからです。「赤い椿」のあとに来てこそ「白い椿」が引き立ちます。

私は、「うーん、なるほどなあ」と感服してしまった。

上下の語順が重要だと思い知った。

第三章の「はすかいの季語」のところも面白い。

「風花《かざばな》」と「麦秋」（麦の秋）が取り上げられている。

「風花」は、晴れた日に風に乗ってどこからともなく吹かれてくる雪である。

「風花」は、その実態は雪ですが、花＝桜のイメージを背景に持っています。そのため、雪

に、散る桜の花のイメージを重ねて読むことで美しい光景が現れ、「風花」という季語の読みは完成するのです。（P．19）

と著者は述べる（「風花」は冬の季語）。

もう一つの「麦秋」では、夏の季語であるにもかかわらず、秋のイメージを背後に持っている。爽やかな感じはそこから生まれる、と述べる。

ページを繰る毎に、新鮮な感動を呼び、知的興奮を覚える。

ぜひ皆さんもお読みいただきたい。

私が、なぜ、あえて横書きでも本書を紹介したかったかがおわかりいただけると思う。

テレビの俳句番組や新聞の俳句欄を読むのも一層楽しくなる。

V

ポピュラーサイエンスを愉しむ

スズメ
―つかず・はなれず・二千年―

三上 修 著

岩波科学ライブラリー

5月10日から1週間は、「愛鳥週間・野鳥を愛護する週間」である。

しかし、私には、この「愛鳥週間」では、苦い思い出がある。

以前、木造平屋建ての家に住んでいた頃、軒下にスズメが巣をつくり、いつの間にかヒナが孵り、愛鳥週間の頃になると、親鳥がせっせと巣にエサを運ぶようになった。軒下だけならまだいいが、巣が天井裏まで広がってきて、虫などがわいては不衛生だ。そこで「愛鳥週間」には不本意ながら、天井裏に潜り込んでスズメの巣を壊すという作業をすることになったのだ。

そういう酷い行為の罪滅ぼしの意味で、本書を取り上げてみた。

本書は、岩波科学ライブラリー〈生きもの〉シリーズの中の一冊である。

さて、スズメは、私たち人間にとって、ごく身近な鳥であるが、意外と、その生態はわかっていないらしい。

その未知の生態について、調査研究した成果を平易に述べたのが本書である。

第一に、スズメは、他の鳥に比べて奇妙な鳥だ。多くの鳥は人がいるところを嫌うけれど、スズメは人のいるところでばかり子育てをする（だから私も大変困った）。

著者が言うのには、

人にべったりなのは、このスズメとツバメくらいのものです

というわけである。高速道路でも、

人が多いサービスエリアでは、スズメがいるけれど、パーキングエリアにはスズメはいない

のだそうだ。

なぜ、スズメは人のそばを好むのか、はっきりしないけれど、たぶん、タカ・ヘビ・イタチなどの天敵を避けるためではないかと著者は推測する。

しかし、スズメは、「人のそばが好き」なのであって、「人が好き」ではない。常に人に対する警戒を怠らない。というのは、人は、かなり長い間スズメを捕り続けてきたので、人に対する警戒心は、ある程度遺伝的にプログラミングされているのかもしれないと著者は述べる。昭和の頃には、日本人は毎年、食用・駆除のために数百万羽のスズメを捕らえてきたのだそうだ。

スズメの寿命について興味深い記述がある。スズメはどのくらい生きるのか。

100個の卵のうち、
ヒナになれるのは60羽
巣立ちを迎えられるのは50羽
翌年まで生き残れるのは10羽
(中略)
5年目まで生き残れるのは1～2羽

ということらしい。

こうしてみると、スズメもなかなか苦労人(鳥)です

と著者は感慨を述べている。

第4章では、日本人とスズメについての文化史の章が設けられていて、芸術・文化など日本人の「スズメ好き」について興味深い話が述べられている。

スズメが文献に初めて登場するのは、「古事記」からで、万葉集には見られず、「枕草子」に再び登場する。

おとぎ話にもスズメはよく登場する。「舌切り雀」は有名な話だ。

江戸時代の「放生会」という儀式にも、スズメが登場する。仏教の殺生戒に基づき、鳥や魚を自然に放すことで、それまでの殺生を償うという儀式だそうで、スズメをわざわざ買って、放つのである。

俳句では、小林一茶の句が有名である。

われと来て　遊べや親の　ない雀

雀の子　そこのけそこのけ　お馬が通る

（雀は春の季語）

最後に、風変わりなスズメの捕らえ方を紹介しよう。スズメを酒に酔わせて捕まえる方法があるという。昭和39年3月5日の朝日新聞（夕刊）に鳥取市で雑穀をアルコールに漬けておいたものを雪の上にまいて捕まえたという話が載っているそうだ。ついばみ始めたスズメがコロリコロリと倒れたとのこと。

これでは「人のそばは好き」でも「人は好きではない」と思うのも無理はない。
このようなエピソードを交えながら、スズメの生態について、易しく解説してくれる。
「愛鳥週間」の一冊としてどうぞ。

地図で楽しむすごい千葉

都道府県研究会　著

洋泉社

とにかく千葉県に関するデータ・事象がテンコモリになった本である。千葉県の地形、歴史、寺社仏閣、交通、産業、人口、教育などが、地図と数値で示されるきわめて便利で、しかも興味深い本である。ところどころに、コラムがあり、「バラバラな千葉の県民性」、「伊能忠敬と日本地図」、「個性が強い千葉の祭り」などと興味深い話が出てくる。

コラム「千葉の難読&不思議地名」の欄をちょっと紹介しよう。お隣の市原市で「海士有木《あまありき》」、「飯給《いたぶ》」、「不入斗《いりやまず》」、「廿五里《ついへいじ》」が、難読地名としてあげられている。

私は、先の三つは読めたが、「廿五里」は読めなかった。

「太田学」（鴨川市）、「安食卜杭」（印西市）、「野狐台町」（佐倉市）、「神々廻」（白井市）、

「城下」（匝瑳市）などは、まったくのお手上げである。

さて、冒頭、「今、千葉がすごい！」と題して、「チバニアン」についての解説がある。

地磁気逆転の痕跡が、

市原市田淵の養老川河岸に露出する地層「千葉セクション」で見つかった。地層中にある「白尾火山灰」と呼ばれる火山灰層を大量に採取し、そこに含まれていた鉱物（ジルコン）を高精度な手法で分析の結果、誤差を含めても地磁気逆転が約77万年前だとわかったのだ。（P．16）

とある。

今、千葉とイタリアで命名争いが行われている。

この本の「テンコモリ」たる所以は、この「チバニアン」の記事のちょっとしたページの隙間に「知られざる『五井駅弁』」というコラムがあり、内房線から小湊鐵道へ連絡する跨線橋で、郷土色豊かな駅弁が売っているという記事が写真入りで載っているところである。

この駅弁は、時刻表にも載っていないと著者は自慢する。

私は、この本を通読して、知らなかったことがたくさんあった（ちなみに、駅弁は知っていた）。

50ページに、安房里見氏の話がある。

その中に、

里見氏は小田原征伐に協力するも、私的な戦闘行為を咎められ（惣《そう》無《ぶ》事《じ》令《れい》の違反）所領は安房一国に削減されてしまった。（P.50）

とある。どのような経緯があったのか、不明にして知らなかった。安房の郷土史家に聞いてみたい。

千葉県には古墳が多いとのことである。

全国には15万～20万基の古墳があるが、このうち1万2千基以上が千葉県内にあり、全国4位とのことである（1位は兵庫県、1万8千基）。しかも、前方後円墳が多い。７００基以上で、全国一前方後円墳が多いのだそうだ。兵庫県はともかく、ヤマトから遠く離れた千葉県とどういう結びつきがあったのか、まったく不思議である。

著者は、

古代の房総半島は、黒潮を利用した海上交通が発展したことで、西日本との文化交流が盛んになっていた。

と説明する。

「醤油王国」千葉のところでも、銚子には摂津や紀州の出漁民が定住するようになり、彼らから醤油づくりの手ほどきを受けたという記述がある（P．139）（野田はまた違った事情がある）。

市町村所得ランキングというのも出ている（P．93）。1位は浦安市で、年収4，413（千円）、木更津市は17位で、3，143（千円）、袖ケ浦市は16位で、3，150（千円）である。

成田空港内を走る芝山鉄道芝山線は、日本一短い鉄道だとのこと（全長2．2㎞）。これも知らなかった。

著者の「都道府県研究会」とは、裏表紙にある紹介文によれば、

47都道府県を最新データを駆使して調査・研究しつつ、歴史、地理、地形、文化、インフラ、産業、県民性などさまざまな視点から、地域の実態や魅力を世に広めようとしている集団。

（中略）

全員が大の地図好き。

とある。

面白い本であり、ページ毎に新たな発見がある。しかし、ちょっと難を言えば、あまりにテンコモリ過ぎて、肝心な地図が、やや小さくて読みづらい。

「県民の日」にちなんで、今、書店に平積みになっている。

夏休みに「すごい千葉」の探索に出かける際の有力なガイドブックになろう。

仲間とかかわる心の進化
―チンパンジーの社会的知性―

平田 聡 著

岩波科学ライブラリー

この本を読んでみようと思ったのは、「仲間とかかわる心」が、最もプリミティブ（原始的）な形で、チンパンジーにどう表れてくるのか、に興味があったからである。

チンパンジーは、約700万年～500万年前にヒトとの共通祖先から分かれたそうだ。

そんなチンパンジーを見ることを通して、私たち人間のことをいつもとは違う角度から考え、理解するきっかけになれば

という著者の意図は、私（筆者）の興味関心に、ズバリ応えてくれそうである。

私たち教員は、いつも、子どもたちが、仲間とかかわりながら、成長してほしいと願っているが、必ずしもうまくいくわけではない。そこで、チンパンジーの世界を見ることで、何らかの手がかりが得られないかと考えた。

この本の「まえがき」に次のような言葉がある。

サルの仲間を研究することを通して、人間のことを知る。自分の頭の中のことを、心のことを知るには、ヒト以外の霊長類の行動や心を調べることが有効だ。（まえがき）

なんと面白そうではないか。

著者は、チンパンジー（ミズキとかツバキなどと名前がついている）相手に、様々な実験を繰り返す。

・運動場の地面に穴を掘り、食べ物を入れる。そこに重い石の蓋を置く。ふたり（チンパンジー）は、はたして協力して、石の蓋をどけて、食べ物を手に入れられるのか。

・部屋の外の台に食べ物がある。チンパンジーには手が届かないが、台にヒモがついていて、このヒモの両端を一緒に引っ張ると台を引き寄せて、台の上の食べ物を手に入れることができる。「一緒に引っ張る」=協力が必要である。

後の方の実験（台の上の食べ物をヒモを一緒に引くことで手に入れる）は、ふたりのチンパンジーの度重なる失敗の末に、ついに成功するのである。

続けているうちに、相手とタイミングを合わせる必要があることを理解したようだった。チンパンジー同士で、相手の行動をよく見て、相手に合わせて動作することができるようにな

った。（P．12）

と著者は報告する。

この「ひも引き協力課題」は、海外の研究者も同じ仕掛けで研究するようになったとのことである（ヒラタ・メソッド、ヒラタ・アパレイタスと呼ばれている）。

その結果、ペアには相性がある、というのである。仲の良いペアほど成功率が高いのだそうだ。さらに、協力相手を選べるようにすると、過去の経験で成功率の高い相手を選ぶことがわかってきた。

ひも引き協力課題に成功するには、相手が必要であり、そして、どの相手と一緒にやればよいのかをチンパンジーが理解してることを示す結果である。

と著者は述べる。

しかし、著者は、ここで立ち止まる。

これは、本当に「協力」なのか。人間が普通に考える「協力」とは少し違う。なぜこういう行動が出現したのかと言えば、結局は「自分のため」ということになる。

ここで、他者は単に自分の目標を達成するための道具に過ぎない

というわけである。

ヒトの協力行動の場合は、

ひとつの目標を他者と共有し、そして他者のために行動することで協力行動が成立する

チンパンジーは相手と互いに合わせるためのコミュニケーションをとらなかった。相手と意図を共有するための積極的な行動をとらなかった。この点でヒトとチンパンジーの違いがあるようだと述べる。

さらに、ヒト（われわれ）が「協力」と言うとき、それは「相手のために何かをする」という意味合いを多分に含んでいる（「利他性」）。しかし、チンパンジーは、利他的にふるまうことがあるのか、と問題提起する。

次に、協力ではなく、競合の話が出てくる。

非常に面白い実験だが、それは読んでのお楽しみ。チンパンジーが宝物（バナナ）を手に入れるための「あざむき戦略」をとる。そして、さらに他のチンパンジーが、対「あざむき戦略」をとるというスリリングな実験である。

「あざむく」ということは、

他人が心を持つということを理解することである。（心の理論）

そうでなければ、わざと空《から》の宝物（バナナ）の隠し場所に向かって、相手にそこにバナナナがあるように思い込ませようとするという行動はとれない。相手にも心があるということを理解しているわけである。

この実験は、きわめて興味深い。

以上が第一章「協力とあざむき」の紹介である。本書は、まだまだ、面白い話がたくさん出てくる。第二章「親から学ぶ、仲間から学ぶ」、第三章「他者を理解する」など、教育・人間の育ちを考える上で、たくさんの示唆がある。ぜひ、お読みいただきたい。

植物はおいしい
——身近な植物の知られざる秘密——

田中　修　著

ちくま新書

誠に面白い本に巡り合った。

本の「帯」に「誰かに話したくなる話題がいっぱい！」とある。私も、皆さんに話したくなって、本書を紹介する。

たくさんの「食材植物」が登場するが、まずは、お正月に合わせて、ミカンを取り上げよう。

ミカン（温州《うんしゅう》ミカン）は、中国から日本にもたらされた時には、タネがあったが、江戸時代の前期に、鹿児島県（当時の薩摩藩）で栽培されていた時には「タネなし」になったのだそうだ（P．74）。

温州（中国のミカンの集散地）という名前がついているが、このミカンは、正真正銘の日本生まれだそうだ（P．75）。

さて、皆さんはご存じだっただろうか。恥ずかしながら、私はこのことは知らなかった。

２０１８年9月、国際宇宙ステーションに、日本の無人補給機「こうのとり七号」によって、温州ミカンが届けられたのだそうだ。このほかに、北海道産のタマネギ、宮城県産のパプリカ、岡山県産のブドウ（シャインマスカット）が届けられたのだそうだ。

宇宙飛行士にとって、生鮮食材が必要であったようである。

なぜ、これらの食材植物が選ばれたかと言えば、

・調理せずにそのまま生で食べられる
・22度の常温で4週間以上保存が可能
・食べた後に残りかすが少ないこと
・食べるときに、果汁が飛び散ることがなるべく少ないこと

などが理由とのことである（P．62）。

近年、温州ミカンは、日本ばかりでなく、「皮が剥きやすくタネがないという食べやすさと、その味わい」で、外国でも人気が高まっており、「MIKAN」は、国際共通語になりつつあるとのことである（P．76）。

さて、お正月（冬）なので、ミカンから紹介したが、本書は、どういうわけか、第一章「夏に話題の植物」から始まっている。以下、秋、冬、春の話題の植物と続く（普通は、春から始まるけれど）。2019年7月に出版されたからか？

このあと、第五章「おコメの戦国時代」、第六章「新品種で話題の植物たち」、第七章「香りが話題の植物」、第八章「認知症を予防する植物たち」というような構成になっている。どこから読み始めても、「食べる植物のおいしいひみつ」が、次から次へと紹介される。おコメのネーミングのいきさつなどは、特に面白い。新品種で、「硬くならないお餅をつくる『もち米』」があるのだそうだ。

理科の授業のはじめの話題としても、学級会の先生のお話の題材としても、もってこいである。

「なぜ、サツマイモを食べると、『おなら』がでるのか」（P．47）、「『サツマイモのおなら』は臭くないのか」（P．49）、などは、小学3・4年生あたりが大喜びしそうな話題である。

気軽に読めるが、もちろん学問的にもしっかりした根拠がある。著者は、植物生理学の専門家。農学博士である。

なお、同じ著者による『植物はすごい』（中公新書）もお読みいただきたい。平成28年（2016年）5月号の本欄で紹介済み。

ヒトの発達の謎を解く
―胎児期から人類の未来まで―

明和《みようわ》政子　著

ちくま新書

著者は第一章「生物としてヒトを理解する」の中で、次のように述べる。

私は、先に紹介した複数種の行動や脳、心のはたらきを比較する「比較認知科学」の物差しに、さらに「発達」というもうひとつの物差しを加えた比較研究、「比較認知発達科学」という新たな研究アプローチを開拓してきました。進化と発達、二つの物差しを使ってヒトの心を多面的に捉える試みによって、ヒトはいつから（when）どのように（how）心のはたらきを発達させるのか、それはどのような特徴を持ち（what）どのような適応的意義をもつことで獲得されたのか（why）といった問題に答えることができると考えています。（P.42）

と立場を明らかにする。

そして、

心のはたらきは、生物が持つ身体が環境と相互作用を繰り返すことで生まれる。ヒトの発達は「連続的」で「多様」である（P．44）

と、この章の「ポイント」でまとめる。（ちなみに、本書では、各省の最後に「ポイント」欄があり、その章の要点が箇条書きで述べられていて、とてもわかり易い）

さて、私は、本書を読んで、たくさんの知見を得たが、そのいくつかについて述べることにしよう。

（1）胎児期から新生児期

胎児期から新生児期の脳発達において、触覚経験が重要な役割を果たしている（P．69）

と著者は述べる。

発達初期に自分の身体を「他者の身体」と接触させる社会的経験は、後の発達を左右するきわめて重要なものです。（P．76）

と強調する。

「痛いの痛いの飛んでいけ！」と声をかけて、痛いところをなでると、これは痛みが低減する効果がある行為だと述べられていて、なかなか面白い。

生後七カ月ごろの幼児は、身体に触れられながら聞いた単語をよく記憶する（P．87）

というのも興味深い。

養育者と乳児の身体を介した相互作用こそがヒト特有の社会的認知の基盤であるという説に最近注目が集まっています。（P．88）

という記述にも注目したい。

（2）反抗する心の謎

第四章「脳が集中して学習するタイミング」の中で、「『反抗する心』の謎」の項も、誠に興味深い。

第二次反抗期とも呼ばれる思春期の脳発達について述べた部分である。

大脳辺縁系という脳部位がある。

記憶を司る海馬や、恐怖や欲求、衝動などの情動に関わる偏桃体などが含まれる（P．126）

という。

この辺縁系はホルモンの影響を強く受けて発達し、思春期に起こる性ホルモンの高まりとともに急激に発達し、数年で完成するのだそうだ。

それに対して、大脳辺縁系を制御コントロールする前頭前野の部分が完成するまでには、25年という時間がかかる。辺縁系と前頭前野の発達レベルの不均衡が生ずるのが、思春期だというわけである。

辺縁系が駆り立てる強い衝動性や欲求、それを意識的に制御する前頭前野の成熟が不均衡になってしまう時期が、ヒトでは10年余りも続くことになります。（P．128）

というわけである。

（前頭前野が関与する重要なはたらきとして、「自分の心と分離させて、他人の心の文脈に応じて推測できる」はたらきがある。「相手の心に視点を変換させてイメージする能力」が、前頭前野のはたらきである）

（3）人類の未来を考える

最終章、第六章は「人類の未来を考える　―ヒトが育つための条件―」である。

「Society 5.0」と名付けられた新たな社会が到来しようとしている。「5.0」が意味するところは、狩猟社会（1.0）、農耕社会（2.0）、工業社会（3.0）、情報社会（4.0）に続く、新たな5番目の社会なのだそうだ。私のようなスマホがやっと操作できる者には、想像もつかないが、数百万年という時間をかけて、少しずつ進化してきたホモ・サピエンス（ヒト）が、この劇的に変化する環境の中で、はたして、生き残れるのか、どのように変容をとげるのか、不安でならない。

以上、三つだけ私が得た知見について述べたが、この外にも多くの貴重な論述が続く。中でも、著者自身の出産の経験にもとづいて感動的な話が述べられる。

……しかし、驚いたことに、そばにいる私と目があったとたん、彼は手足を動かすのを止め、目をしっかりと見開いて私の顔を見つめ始めました。私のほうも思わず彼に声をかけ微笑みを返していました。周囲を好奇のまなざしで見つめ、いろんなことを知りたい、学びたいという気持ちが彼の全身からあふれ出ているようです。ヒトは決して真白な状態で生まれてくるのではない、と強く感じました。（P．48）

本書はいわゆる教育書として書かれたものではない。しかし、教育に携わる者として、ヒトとは何か、ヒトの発達とはどういうことか、について、根源的な考察を試みることは大切である。

本書は、これについて応えてくれる最適な一書である。

鳥類学者だからって、鳥が好きだと思うなよ。

川上和人 著

新潮文庫

久しぶりに、ポピュラー・サイエンスを味わおうと、本書を読み始めた。もちろんサイエンス・鳥の生態についての驚くべき知見を得たことは言うまでもないが、それよりも何よりも、著者の筆の運び、文の巧みさに幻惑されてしまった。

私に言わせれば、鳥類学者になるより、漫才、コントの作者になった方が良かったのではないか、と思うくらいである。

鳥類学者らしく、まさに tweet（鳥のさえずり）の如く、よく舌が回る。

二、三紹介しよう。

私がバイクに乗るには相応の理由がある。それは鳥類学者だからだ。

鳥類がバイクのシンボルであることは疑うべくもない。ホンダ、ハーレー、モト・グッチ、バイクのロゴにはしばしば鳥の翼がはためいている。これは、バイク業界から鳥類学への熱

いラブコールである。（P．76）

私の知る限り、動物は足が多いほど不快性が増し、少ないほど美しい。ムカデは100本、クモは8本、ゴキブリは6本、ドブネズミは4本、鳥類と美の女神アフロディーテは2本。どう考えても鳥類と女神が美しい。もちろんバイクが四輪車やダンプカーよりカッコ良いことは言うまでもない。そうでなければ、スティーブ・マックィーンもトム・クルーズもミッションの遂行にバイクを使ったりしない。（P．79）

……鳥とバイクが、二足歩行と見目麗《うるわ》しさという共通点を持つことはご理解いただけたはずだ。実はこの2点には強い関係性がある。それは、機能美という言葉に集約される。（P．80）

バイク（著者が偏愛する）と鳥類と、一見似て非なるものを並べて、その機能美を説く練達の文章力に脱帽である。

皆さんは、糞と尿のどちらがお好きだろうか。どちらも捨てがたいが私の場合は糞である。きっと皆さんにも好みがあることだろう。いやはや、考えているだけでワクワクする。（P．108）

ワクワクするのは川上先生だけで、読者としては、いきなり「糞と尿のどちらが好き」と切り出されても、返答に困ってしまう。こうやって読者を困惑させておいて、次のように続く。

観察とは、湯煙の向こうに透けて見える黄桜カッパ姐《ねえ》さんのような、朧《おぼろ》げで儚《はかな》げな存在なのである。

そんな観察に比べて糞はなんとも魅力的なサンプルである。（P．109）

鳥の研究の中で糞の重要性はわかるが、なんでいきなり、ここで「黄桜カッパ姐さん」が出てくるのか⁉

こうした鬼面人を驚かすような筆法で、読者をひきつけ、抱腹絶倒、また、クスクス笑いながら著者のペースに巻き込まれてしまうのである。

著者の文章力の紹介はこのぐらいにして、サイエンス（鳥の生態）の方に移ろう。驚いたり、感心したりしたことはたくさんあるが、私が特に興味を持ったことを一つだけ紹介しよう。

小笠原群島のオガサワラヒヨドリは、分析結果によれば、沖縄南部にある八重山諸島のヒヨドリに由来するとのことだ。伊豆諸島あたりから南下してきたものではないとのことである。

日本の西端から東端に向けて１８００㎞、月の半径相当の距離を飛んできていたわけだ。神武天皇肝いりの東征ですら直線距離にして５００㎞に満たないのだから、大したものだ。（P．１８６）

（またまた神武天皇などが登場するのは、先に述べたとおり！）

さらに、小笠原群島の南に位置する火山列島に生息するハシブトヒヨドリは、本州または伊豆諸島に由来していたとのことである。

そして小笠原群島と火山列島の間では全く交流がなく、遺伝的に異なる集団になっていた。群島と火山列島の間はわずか１６０㎞、鳥がうまく風に乗れば数時間で到達できる距離だ。当然ヒヨドリも両地域で近縁だと思っていたが、そうではなかった。（P．１８６）

まだまだこのほかに、「死んだふりの科学」や「鳥目《とりめ》は本当か」など、興味深い話が次から次へと展開される。後は、お買い求めの上、ご堪能いただきたい。

題名からもじって言えば、「鳥類学者だからって、クソまじめだと思うなよ」

ぜひ、笑いながら自然科学の探求を。

なお、同じ著者の『鳥類学者　無謀にも恐竜を語る』（新潮文庫　６７０円＋税）もある。

タコの知性
――その感覚と思考――

池田 譲 著

朝日新書

書店でこの本を見つけた時、私は、「えっ⁉」と思った。何かグニャグニャしていて、およそ「知性」とかけ離れているような「タコの知性」を究明しようとするこの本に俄然興味を持った。皆さんも、「どんな本だろう⁉」と思うだろう。

さっそくページをめくると、実に面白い。「タコ」学に魅了されてしまった。著者は、次のように述べる。

本書のタイトルを「タコの知性」と銘打った。タコを知的な動物と印象づけたのは、彼らの学習能力の高さゆえである。（P．66）

第二章「タコの賢さ」の中から学習能力の高さの例を一つ紹介しよう。

学習訓練を受けたタコ（デモンストレーター・実演者）が、水槽の中で、白玉と赤玉とを見て、赤玉を攻撃する（このように訓練されている）。それを透明な仕切りのある水槽の片方で、何の訓練も受けていないタコ（オブザーバー・観察者）に見させる。

さて、注目すべきはオブザーバーだ。隣のタコが赤い色の球を攻撃する様子を「なんだ、なんだ」という様子で熱心に見始める。頭部を動かして熱心に見る。（P．75）

その後、デモンストレーターを水槽から出し、仕切りを外し、水槽にオブザーバーだけ残す。そして、オブザーバーに赤玉と白玉を同時に見せる。

なんとオブザーバーは赤玉を攻撃する。オブザーバーのタコは、餌と電気ショックを使って赤玉を攻撃するように人間に訓練されていない。ただ、隣にいるデモンストレーターのタコが赤玉と白玉が出た時に赤玉を攻撃する様子を見ていただけだ。（P．75）

これを「観察学習」、「見まね学習」というのだそうだ。「観察学習」はヒトでは普通に見られる。しかし、実は他の動物では、なかなか難しいらしい。例えば

ヒトに系統的に近いとされるチンパンジーでも観察学習は難しい。相当に高度な学習なのだ。（P．77）

マダコがそれをやってのけたのだ。

著者は、「外界環境への強い好奇心」が、タコが元来持っている特性ではないだろうか、とまとめている。

私は、この実験事例を読んで、思わずうなってしまった。

この「観察学習」の事件を、さらにイイダコでも緻密に検討してみせた研究があるとのことである。二人の日本人研究者によるイイダコの知性研究というのは、あまりそれまでなかったことらしい。「小さなイイダコも知的なのである」と著者は誇らしげに述べる。

第三章「タコの感覚世界」では、タコの眼と吸盤についての研究成果を述べる。私が驚いたのは、タコの脳は、体重に比して大きい、という話だ。タコの脳サイズは、高等脊椎動物（鳥類、哺乳類）と下等脊椎動物（両生類、爬虫類、魚類）の間くらいらしい。

「腕で考える動物」という見出しも面白い。吸盤が優れた触覚器官として働いている。

タコの腕は非常に高感度のセンサーということができる。（P．118）

第四章「タコの社会性」についての研究も興味深い。これまで、タコは群れをつくらず一尾で生活していると思われてきた。しかし。最近になり、社会性があるのではないかという見方が出てきた。「隣人を覚えているタコ」の項で、

生活場所が接している同種他個体、つまりは巣や縄張りが隣接している個体同士は、互いのことをちゃんと認識しているというものだ。（P．168）

顔見知りの隣人には不干渉という。「ディア・エネミー」（親愛なる敵さん）というわけである。同種他個体を認識する能力を持っているのだそうだ。

しかし、まあ、研究者という人たちは、手を変え、品を変え、粘り強く観察し、一つのこと追求するものだなぁ、と感嘆してしまう。

どのページを読んでも、知的刺激に満ちた楽しい本である。こんなすばらしい本が、わずか800円余りで読めるのだから、なんて幸せなことだろう。

Ⅵ

教育についての考えを深める

新教科・道徳はこうしたら面白い
――道徳科を充実させる具体的提案と授業の実際――

押谷由夫・諸富祥彦・柳沼良太　編

図書文化

いろいろな議論を経て、「特別な教科　道徳」が動き出した。

これで、道徳の時間が良くなるのか、あるいは、さらに形骸化してしまうのか、さらに議論が続いている。特に、教科書が使われるようなると、前から順番に1時間、1資料を淡々と取り上げるだけの形式的な授業が多くなるのではないか、と危惧されている（P.18諸富論文）。

そこで、本書である。

道徳授業を子どもにとっても、また、教師自身にとっても、「面白くて、ためになる」ものにするにはどうしたらよいか。理論と実践を集約した本である。

第一章は理論編である。9本の論文が並ぶ。中でも、私が、大変啓発されたのは、理論編2「道徳授業はこうすれば面白い」（諸富　祥彦）、同3「『新教科　道徳』はこうしたら面白い」（柳沼良太）である。いずれも、現状の課題、端的に言えば「面白くない、役に立たない」道徳授業克服の筋道を示してくれる。両者に共通するのは、「教師が本気で『面白い』と思える資料を用意すること」、「面白い教材の開発」を強調している。

さて、しかしながら、これぞという資料を毎時間、毎時間用意するのは、至難の業である。そこで、今、思い出したのは、私（西村）が主宰していた「潮見塾」で、土田雄一先生（千葉大学）から提案のあったNHKの映像教材の活用の話である。映像教材（「ココロ部」、「新道徳ドキュメント」など）は、わかりやすいしインパクトが強い。いつでも活用できる。ネットで視聴できるし、DVDもあるらしい。諸富氏が「導入で子どもの心をわしづかみにせよ」と訴えている。

理論編3で、田沼茂紀氏が「新教科『道徳』の評価」という論文を掲げている。詳細は読んでいただくとして、私が心に残ったのは、「学校教育全体で行う道徳教育の評価と道徳授業での評価を混同しないように」という一文である。

さらに、理論編9の「新教科『道徳』で活かせるソーシャルスキルトレーニング」（渡辺弥生）の中の「思いやり・役割取得能力の発達段階」の表は、大変興味深い。

第二章、第三章は、実践編である。

第二章は、小学校編で、13本の実践報告がまとめられている。実践編（小学校）1の『いじめ未然防止』に即効性のある道徳授業」（佐藤　幸司）では、授業で使った資料もついていて役に立つ。田中将大投手の少年時代のエピソードであり、「子どもの心をわしづかみ」にするかもしれない。

第三章は、中学校編で、7本の実践報告がある。

私は、知らないで購入したのだが、なんと、柴田克先生（君津市立小糸中学校教頭）の実践報告が収められている。「『J-POP音楽』を取り入れた授業」である。NHK朝の連続テレビ小説「マッサン」と横綱　白鵬の入門時のエピソード、そして、中島みゆきの「麦の唄」を資料として活用している。「卒業後も折にふれて思い出される授業」を目指している。事実、卒業生から、たくさんのメッセージが届いている。「すごくためになり、楽しい道徳でした」、「道徳の時間は、いつも新しい気づきがありました」などなど。こんな身近なすばらしい実践家から大いに学んでいきたい。

理論編及び小学校編13本、中学校編7本の実践には、それぞれ道徳授業が面白くなるヒント、知恵が詰まっている。新年度へ向けて、お薦めの一冊である。

「学力」の経済学

中室牧子 著

ディスカバー・トゥエンティワン

非常に面白い。

永年教育界に身を置いてきた私などには、衝撃的でさえある。「これが良い」と思い込んできた教育の常識が、科学的根拠（エビデンス）によって突き崩される。

この本は、桜井公民館長の篠原和行氏（前木更津市立祇園小学校長・大の読書家）から紹介され、本も貸していただいた。

私の癖で、読みながら傍線を引いたり、？の記号をつけたりしながら読むのだが、他人様の本では、そうはいかないので、書店に足を運んだ。

なんと、店頭のビジネス書ランキング第2位に本書があるではないか！教育書ではないのである。

著者は、教育経済学者である。

教育経済学は、教育を経済学の理論や手法を用いて分析することを目的としている応用経済学の一分野です。（はじめに P．2）

この本を貫いている考え方は、端的に言えば、「科学的根拠（エビデンス）に基づく教育政策を」「客観的な数字―データ―をもとにした議論を」ということである。

私ども教師が、とかく陥りがちな情緒的教育論、個人体験教育論―例えば「子ども達の目がキラキラしていた」とか「教室の雰囲気が明るい」など―を徹底的に排して、客観的な数字を追い求める。様々な仮定を置きながら、教育の効果は数値化が可能であると著者は述べる。

もう一つ大事なことは、「因果関係」を明らかにすると言うことである。

私は、ここで、改めてハッとしたことがある。それは、「因果関係」と「相関関係」の違いについてである。

「因果関係」は、「Aという原因によって、Bという結果が生じた」ということであり、「相関関係」は、「AとBが同時に起こっている」ことを意味しているに過ぎないとの指摘である。

例えば、「読書をしている子どもの学力が高い」と言われるが、しかし、学力の高い子どもが読書をしているのに過ぎない（相関関係）という可能性もある、と著者は述べる。「読書をする」ことが「原因」で「学力が高くなる」ということが証明されなければ、「因果関係」があるとは言い切れないというわけである。

このように、一見「因果関係」があるように見える事柄でも、厳密に科学的根拠を求めていくと、「相関関係」に過ぎないこともある。私ども教員は（少なくとも私は）、思い込みで事象を見て、対処してきたのではないかと思う。

例えば「朝読書を続けてきたら、学校が落ち着いてきた」という話をよく聞くが、今一度、厳密に「因果関係」を問い直す必要があるだろう。「落ち着いたから、朝読書が続けられた」という見方も成り立つ。

また、「読書」と「学力」の関係について話を戻せば、第三の要因（例えば、親の教育への関心など）も視野に入れなければならないと著者は述べる。

「教育生産関数」の「インプット・アウトプットアプローチ」の研究の紹介にも、大変示唆を受けた。

「テストで良い点を取ればご褒美」と「本を読んだらご褒美」—— どちらが効果的？の章（P.32）で、アメリカの興味深い研究が紹介されている。

結論は、

> ご褒美は「テストの点数」などのアウトプットではなく、「本を読む」「宿題をする」などのインプットに与えられるべきだ。（P．36）

という。

まだまだ魅力的な言説がたくさんあるが、一つだけ疑問を投げかけて終わりにしたい。

「少人数学級は費用対効果が低い」（P．１０３）の項で、アメリカでの研究の結果が説明されている。

ここでは、1学級あたりの生徒数が22人～25人の学級と、13人～17人の少人数学級との効果について調査研究している。その結果、「少人数学級は、費用対効果が低い」と結論づけている。しかし、日本では、40人学級か35人学級かで、せめぎ合っているのであって、40人対13～17人では、また違った結果が出てくるのではないかと思う。基本になる数がまったく違う。実情が違うのではないか。

それにしても、著者が何度も嘆いているように、「信頼できるデータや分析」に基づいた教育政策が、あまりなされていないという指摘に愕然とする。

まさに、「目から鱗が落ちる」著作である。

高大接続改革
―変わる入試と教育システム―

山内太地・本間正人　著

ちくま新書

「高大接続改革」とは、高校の教育と大学教育、そしてその間にある大学入試の三つを全て改革する取り組みである。

「高校と大学の話か。小・中学校は直接関係ない」と思うのは間違いで、小・中学校も大いに関係するのである。

「改革」のスケジュールをまとめてみよう。

1　2019年度「高校テスト」を試験的に導入。「高校テスト」とは、「高校生のための学びの基礎診断（仮称）」のことで、高校で学力が身についたかどうかをみるテストである。2019年に高校1年生～3年生になっているのは、2017年度4月現在の中学2年生から。

2　2020年度「大学テスト」が導入される。「大学テスト」とは、「大学入学共通テスト（仮称）」のことで、今のセンター試験に近いテスト。大学で学ぶ能力があるかどうかを調べるテストである。これを受験するのは、2017年4月現在の中学3年生からである。

試行期間などがあり、「高校テスト」は2023年度、「大学テスト」は2024年度から本格実施になる。

これを見ると、2017年度、小学5年生の子どもたちが、本格導入された「大学テスト」で大学受験をすることになる。

小・中学校が無関係でないのは、やがて「高校テスト」の内容、方法の変化に、子どもたちは向き合うことになるからである。

どういう変化かといえば、

改革の基本は「学力の三要素」です。高校や大学でおろそかにされている

1　十分な知識・技能
2　思考力・判断力・表現力
3　主体性を持って多様な人々と協働して学ぶ態度

を高校でしっかり身に付け、大学入試はそれを評価し、大学教育でもこれを深めていく。（P．17）

と著者はまとめている。

要するに、二つのテストをテコにして、高校教育、大学教育を改革しようというわけである。

高校でのこのような変革に対応するには、小・中学校で受け身の学習ではなく、課題の発見と解決に向けた主体的・協働的に学ぶ学習（アクティブ・ラーニング）が求められる。

具体的には、従来のマークシート式の問題ではなく、記述式問題が出ることなどが予想される（2月初旬に行われた、有名私立中学の入試では、自分で設問して、自分で解答を記述する問題が出されていた）。

さて、この本は、いわゆる教育書ではなく、一般の人たち向け、保護者向けに書かれた本である。

授業で教員が一方的に話すだけでなく、子どもたちが主体的。協働的に学ぶ授業が行われているか、やがて、保護者からチェックされるようになるであろう。

受験予備校も、従来のスタイルから変わってゆくのではないか。

「タブレットを利用した協働・共有型学習―千葉県立袖ヶ浦高校」の項があり（P．135）、袖ヶ浦高校の実践が紹介されている。今までの「チョーク&トーク」の授業から転換しようと努力する姿勢が述べられている。

嬉しくなった。

「アクティブ・ラーニング（主体的・対話的で深い学び）」についても、本間正人先生がQ&A形式で、一般の人向けに易しく解説してくれている。

改革の大きな流れをつかむ一冊である。

新しい学力

齋藤　孝　著

岩波新書

教育界の悪いクセで、中教審答申・学習指導要領の改訂のたびに、新しく打ち出された指導内容や指導方法（評価のあり方も含めて）に向けて、皆がワッと走り出すのである。今までやってきたことを全て否定するような人も出てくる。「御用学者」（失礼！）の方たちも鉦《かね》や太鼓を打ち鳴らして煽り立てる。

私は、かねがね、苦々しく感じていた。

しかし、本書は違う。

著者のスタンスは、はっきりしている。

時代の流れを考えれば、問題解決型の思考力や積極的な学習の仕方を身につけるのが必要なのは明らかである

が、

アクティブ・ラーニングという手法の単なる真似事を皆がこぞってやりだし、かえって学力が低下するというのでは、あまりにも馬鹿げているのではないか

まずここで一度落ち着き、立ち止まって考えてみたい

というわけである。

結論的に言えば、

新しい学力と伝統的な学力の、よい形での融合である

これが著者の立ち位置である。

「新しい学力」と銘打った類書にはない本書の特長は、第二章「新しい学力の『落とし穴』」というところにある。

イケイケ、ドンドンではなく、「新しい学力」論の持つ、問題点等についても、じっくり考えてみようというところに、私は、強く共感した。

（誤解されると困るので、若干補説を述べれば、著者は、決して、新しい潮流に反対しているわけではない。ご自身の大学での授業は、かなり、アクティブなものである。このことについては、第五章「真の『問題解決能力』を鍛えよう」で詳しく述べられている）

さて、「落とし穴」はどんなところにあるか。詳細は、お買い求めいただき、精読していただきたいが、以下要点だけ記す。

1　実践できる指導者はいるのか

新しい学力を伸ばす指導方法を教師がどこまで実践できるか。アクティブ・ラーニングの指導は簡単ではない。教師の教育センスが求められている。大学の教員養成の講座の中で、どれだけアクティブ・ラーニングの実践ができているか、不安である。

2　客観的な評価はありうるか

意欲のみならず、思考力、判断力、表現力といった諸能力をいかに評価するか。記述式で評価するということは、大変な労力を必要とする。何の評価もしない、ずるずるとした授業になりかねない。

3　ＩＣＴの活用と学習の質

学習形態や学習の手段が、学習の質を必ずしも保障しない。例えば、グループ・ディスカッションを漫然とやっていても、何の益もない。問題は学習の質にある。

4　伝統的な日本の教育はダメだったのか

日本流アクティブ・ラーニングの伝統を見直そう。日本の教室では、既に、班活動を基本としながら、様々な話し合いがなされてきた。特に、作文教育・生活綴方運動の歴史を見直し、ここから学ぶことが多くある（個人的なことを言えば、青年教師の時代に、生活綴方・作文指導に熱を上げていた私にとって、ここで、著者から生活綴方、作文教育の重要性を指摘されて、胸が熱くなった）。

こういう「落とし穴」（問題点・課題）をしっかり自覚し、克服しながら、「新しい学力」の育成を進めなければならない。

著者は、体系的な知識内容を重視する。

著者は、例えて

右手で体系的な知識内容をつかみ、左手で問題解決能力をつかみ、両手でしっかりと現実に対処していくのである

と述べる。

学習意欲について、興味深い論考がある。

「意欲を引き出す二つのルート」（P．92）として、一つは、「面白い！」から意欲につながるルート。もう一つは、「できた！」が先行してから意欲がわくルートである。日本の伝統に「型」の教育、反復練習して技として活用できるようにする教育である。著者は、これからも「型の学習」を大事にしていきたいと述べる。

紙幅が尽きたので、ここでペンを置くが、私は、本書は、教職員研修テキストとして皆で読み合うのに適した著書だと思う。校長・教頭の研修会や校内研修のテキストとして、ぜひ、お薦めしたい。

教師の資質
——できる教師とダメ教師は何が違うのか?——

諸富祥彦 著

朝日新書

書店で本書を見つけ、題名はともかく、副題を見ると、また教師バッシングの本かと思ったが、そうではない。どちらかと言えば、今の現場の先生方の置かれた状況に想いを寄せ、温かく応援しようという姿勢で貫かれている。

著者は、「はじめに」の中で述べているように、

「現場教師の作戦参謀」(スクール・アドバイザー)として、また、教師を支えるカウンセラーとして、20年近く、全国をめぐりながら、日本中の学校の先生方と深くかかわってきた

のである。教師の置かれている状況をかなり正確に把握し、

今はまさに、「教師の受難の時代」です

とまとめている。

第二章「教師を取り巻く過酷な現状 ―壊れていく教師―」の中で、教師のうつ病は、一般企業の2.5倍にのぼるという。その要因は、次の四つであると指摘している。

1 多忙さ
2 学級経営、生徒指導の困難
3 保護者対応の難しさ
4 同僚や管理職との人間関係の難しさ

これらの各項について、著者は、具体例をあげて詳述している。

この中で、私がハッとして注目したのは、「弱音を吐ける職員室づくり」、「支え合える職員室」が、個々の教師を支えるということである。

言葉をかえて、「援助希求力」こそが、これからの教師に必要な力であるという指摘である。

教師には、「学級経営の失敗をさらすのは恥である」といった意識が根強い人がいます。しかし、担任が問題を抱え込むと、保護者との関係の悪化など、二次的、三次的な問題が生じる可能性が高くなります。このような悪循環を防ぐために必要なのは、早期発見・早期対

応であり、その意味でも教師には「上手に助けを求める力＝援助希求力」が求められます。それがこれからの教師に求められる「資質」であると考えられるのです。

と述べる。

まさに至言である。

しかし、現場では、超多忙で、なかなか他人の面倒までみていられないという状況もある。管理職やベテラン教師の目配り・気配りが、切に求められている。

「道徳の教科化」に関連して、研修の問題にも言及している。

「教員養成のカリキュラムや教師の研修をいくら充実させても」、実践的な技術を身につけさせる人材の育成・指導者の育成のシステムが整備されていない、と指摘する。このことは、「今月の一冊」11月号の斎藤孝氏も同様に鋭く指摘している（本書179ページ）。

内容の充実した重い一書であるが、本書を年頭に繙いて、今年一年の励ましの書としてみてはどうだろうか。

教育という病
―子どもと先生を苦しめる「教育リスク」―

内田 良 著

光文社新書

本書の基本的なスタンスは、「はじめに」で著者が述べているように、**善きものとしての教育がもつ「病」の側面を照らし出す**ことにある。

私は、本書の題名を見た時、ちょっと戸惑った。「教育という病」とはどういうことか。読み進むうちに、次第に納得でき、著者の意見に大いに啓発された。

本書を貫く芯棒を端的に表す言葉を「はじめに」の中から、さらに引用しよう。

教育という「善きもの」は善きがゆえに歯止めがかからず、暴走していく。「感動」や「子どものため」という眩《まばゆ》い教育目標は、そこに潜む多大なリスクを見えなくさせる。当の活動が内包する心身のリスクは、非教育的だからこそ生じるのではなく、まさに教育的だからこそ生じるものである。

本書は、まさに「教育の負の側面」を論じたものである。

さて、具体的には、どういう問題が取り上げられているか、目次を追ってみよう。

第一章

巨大化する組体操

第二章

「2分の1成人式」と家族幻想

第三章

運動部活動における「体罰」と「事故」

第四章

部活動顧問の過重負担

第五章

柔道界が動いた

そして

終　章

市民社会における教育リスク

である。

今号では、「教員の働き方改革」とからめて、部活動の問題についての著者の見解について触れてみたい。

まず、部活動の教育課程との関係について、学習指導要領を引用しながら、著者は、次のようにまとめる。

部活動は教育課程外の活動であるものの、生徒の自主性を育てる重要なものであるから、それを正規の教育課程と関連づけるよう心がけなさいという趣旨である。果たして関連づけるとはいったいどういうことなのか。どうすれば関連づけられるのか。そして生徒の自主性に応じる教員の立場はどのように保証されるのか。そういった問題には目をつぶったままの部活動の公務化宣言である。（P．179）

と述べる。

そして、

そもそも部活動が制度と現実の間にあるグレーゾーンに置かれていて、そこに予算や人員の手当てがないままに部活動の公務化が宣言されたとしても、矛盾が膨らむばかりである。

と指摘する。

以下、様々なエビデンス（科学的根拠）を示しながら部活動のかかえる問題点を指摘している。

中でも注目するのは、教員の半数近くが、「現在担当している部活動の競技経験なし」である。その競技にまったく縁のない教員が担当しているのである。これでは、負担感、疲労感が大きくなるのは無理もない。

私の個人的な体験（ずいぶん大昔の話で恐縮だが）を言えば、初任の頃、柔道部の顧問を担当した。何しろ初任者だから、わけもわからず夢中で生徒と一緒に活動した。そのうち一人の生徒が脚を骨折したのを覚えている。

次にバレーボール部を担当した。

柔道にしても、バレーボールにしても、私は競技経験はない。高校、大学での体育の授業でやった程度である。技術的には2、3年生の生徒の方がうまい。これは、かなりプレッシャーになる。若くて、独身であったからできたのかもしれない。

さて、過熱気味の部活動がなぜ続けられるのか見てみよう。

それは、教員と保護者の間の大きなズレにあると指摘する。

神奈川県の調査によると、「顧問教員の負担が大きすぎるか」についての認識に違いがある。教員の場合は「そう思う」だけでも65％に達するのに対し、保護者の方は、中学生保護者が15％、高校生保護者が16.9％である。

「教員とのギャップの大きさに驚かされる」と著者は述べる。

私も、「教員の働き方改革」の中で、部活動に対する保護者圧力は、無視できない大きな力であると思う。「部活熱心な先生＝いい先生」という地域住民・保護者の認識は根深いものがある。これに逆らって部活動指導を軽減するには、なかなか勇気がいる。

本書の終章で、厳しく指摘されているが、

練習量が多ければ強くなれるという安直な発想が、今日でもなお運動部活動の指導においては支配的である

「過酷なトレーニングの先にスポーツの神髄がある」との信仰から、根性を出して頑張りぬく様が評価され、美談化される

そういう市民感覚が根強くある。

私は、「感動」、「子どものため」ということを否定するつもりは、さらさらない。部活動には、生徒指導上からもプラスの面がたくさんある。

しかし、いつまでもグレーゾーンの部活動であっては困る。緊急に、きちんとした制度設計（予算・人員配置）がなされなければならない。

今、外部指導者のことが話題にのぼっているが、これも慎重に取り扱う必要がある。教育長時代にちょっと手こずった経験がある。勝利至上主義、精神論的スポーツ指導者の問題である。まさに「善意」であるだけに、対応が難しい。

以上、「部活動」を中心に本書を紹介してきたが、他の章にも、まさにエビデンスに基づいた鋭い指摘がたくさんある。

例えば、組体操のリスクについて述べた中で、「労働安全衛生規則」を示し、2メートル以上の高所での作業について細かな規則が示されているという指摘。あるいは、土台の生徒にかかる負荷は200kgを超える、などのエビデンスを提示している。

年度末に、ぜひ、手に取って繙いてほしいと思い、本書を紹介した。

「いじめ」や「差別」をなくすためにできること

香山リカ　著

ちくまプリマー新書

著者は著名な精神科医である。

「いじめ」や「差別」の問題を豊かな臨床経験に基づき、多面的に論述している。学校における「いじめ」や「差別」のみならず、いわゆる「ヘイトスピーチ」の問題など、広く社会的な視野で、しかも、ご自身の「ヘイトスピーチ」反対の活動に根ざして論じているので、説得力がある。

「いじめ」「差別」が起こる心的メカニズムについて、精神科医の立場から分析している点に本書の特色がある。

「いじめ」や「差別」は、どのようにして生ずるか。著者によれば、「自己愛が傷つくと怒りを生む」というのである。自己愛（自分で自分のことを大切に思うこと）の強い人が増えているというのである。「どうして、私はもっと多くの人から大切にされないのか。

おかしいだろう」と「自己愛の傷ついた状態」になっている。

オーストラリアのハインツ・コフトトーという精神分析学者によれば、「自己愛の傷つき」が起きたとき、「怒り」を示し、しかも、「常に『復讐』という性質が伴う」ということである。

「わたしはもっともっと注目されて当然の人間なのに」、「学校や会社での私への評価は低すぎるのではないか」といった不満を抱いたり、激しい怒りを抱き、それを誰かにぶつけてやろうと相手を探しながら生きている、ということです。（P．97）

と著者は述べる。

「自己愛」は、本来、人間が生きていく上で大切な心の動きであるが、これが強すぎることによって、「いじめ」や「差別」が生ずるというわけである。時に、今の社会では、誰もが「強い自己愛」を持って生きてよいという風潮が強い。ここに、「いじめ」や「差別」の生ずる源があるというのである（もちろん、全ての人が、「強い自己愛」によって「いじめ」や「差別」に走るわけではない。多くの人は、うまくコントロールしているのだが、「いじめ」や「差別」の生ずる素地が、ここにあるという意味である）。

さて、では、どうしたら「いじめ」や「差別」を防ぐことができるのか。

第一には、まず「いじめ」や「差別」に気づくことだという。

しかし、この「気づく」ということが案外難しい。気づきかけても「そんなわけはない、ふざけているのではないか」と気づきを必死に打ち消すような動きが起きる。精神医学の専門用語で、この「打ち消す動き」を「否認」と呼ぶのだそうだ。「否認」の動きを乗り越えて、まず、「気づく」ことが、「いじめ」や「差別」を克服する第一歩だと著者は強調する。

学校で起こる「いじめ」、「差別」についても、関係者（子どもや教師たち）が、気づいていても気づかないふりをするということがよくあるのは、この「否認」の心理によるものではないか、と思う。

第二には、「やめよう」と言えなくても、同意しないだけでいい、と言う。

しかし、これもなかなか難しい。

それを乗り越えるために、
まわりの人に教えよう
と著者は言う。

人間の心には、「否認」をする自動装置がついていて、なかなか認めないけれど、何度もあき

らめずに訴えることで、気がついてくれることもあります。（P．123）

と言う。そして、味方になってくれるそうな人を探して、仲間を増やすことも大切だと著者は強調する。

第三には、ひとりでは相手に抗議しないというルールを作る。

ひとりで話すと、逆に、いじめや差別をしている人から、一斉に攻撃される可能性がある。だから、ひとりでは対応しないというのが原則であると著者は言う。

そして、最後に、自分が被害者になったらどうするか。

著者は、

いじめや差別を受けて、それだけでも、とても傷ついているのに、「勇気を持って立ち向かう」なんてとても無理だと私は思います。

と言う。

いじめや差別に立ち向かうのは、被害者本人ではなくて、まわりにいるおとな、友人、あるいはそれを見ている人など、第三者というのが基本です。（P．160）

というのである。

「助けて」と別の誰かに頼むことだと強調する。まわりの人に話してほしい、解決するのは「あなた」ではなく、「まわりの人」だというわけである。

語られる事例は、深刻な内容であるが、語り口は、きわめて易しく、中学生でも十分読める本である。先生方のみならず、保護者や生徒の皆さんにも、ぜひ読んでいただきたい本である。

国語の授業で「主体的・対話的で深い学び」をどう実現するか
——新学習指導要領2017の改訂を読み解く——

「読み」の授業研究会 編

学文社

平成29年（2017年）3月に告示された新学習指導要領で「主体的・対話的で深い学び」ということが提起された。

しかし、これまでも、我々は、子どもたちが「主体的」（自分の力で問題・課題を解決してほしい）であってほしい、「対話的」（お互いの話し合いを大事にしたい）であってほしいと願ってきた。そして、「深い学び」を実現したいと願って、日々、実践を積み重ねてきたのではなかったか。

今改めて「主体的・対話的で深い学び」と強く提起されるのはなぜか、その実態は何かを、国語の授業の中で問い返し、どう実現していくのかをきわめて具体的に追及しているのが本書である。

特に、本書は、理論と具体的実践がうまく融合していてわかり易い。「主体的・対話的で深い学び」とはどういうことか、イメージが湧いてくる。

国語科では、「読み」の指導について、様々な考え方、流派（研究団体）があるが、編者である「『読み』の授業研究会（以下「読み研」と略記）」は、その一つの研究団体であり、その指導過程について異論もあるのかもしれない。しかし、私には、大変説得力のある考え方のように思えた。

「読み研」では、物語・小説の読み、説明的文章・論説文の読みについて、「構造よみ―形象よみ―吟味よみ」の三段階の「よみ」の指導過程をとっている。

「構造よみ」とは、文章全体の構造を把握することである。

「形象よみ」とは、山場・クライマックスに至る物語の過程、伏線、論理の展開などを読み取ることである。

そして「吟味よみ」とは、その作品・文章を評価する「よみ」のことである。

（以上、きわめて大雑把に私なりにまとめてみたが、間違っているかもしれない）

さて、先にも述べたとおり、本書は、理論と実践の融合という点に特色がある。特に、実践的に大変参考になるのが、第2章の「言語活動」を充実させ豊かで「対話的」な授業を実現するための指導スキルとポイント（P.74〜）、である。言うまでもないことだが、「対話的」であるためには、一人ひとりの子どもが、まがりなりにも自分の考えを持っていなければならない。そこで初めて「対話」が成立する。

「読み研」では、いつも「対話」を二段構えで考えているようだ。第一段階は、グループでの対話である。4人のグループをつくり、そこで友だちとの意見交換をする。その際、学習リーダーが活躍する。学習リーダーがグループの対話をリードする。学習リーダーには、短時間（1分くらい）教師から、学習リーダーの仕事について指導がある。授業中でも30秒くらいの学習リーダーを集めての指導もある。

第二段階の対話は、課題についての各グループの発表があり、全体で「対話」を深める。

この二段構えの「対話」によって、全員が授業に参加できるように仕組まれている。お気づきだと思うが、やはり学習リーダーへの指導が、キーポイントとなる。本書には非常にキメ細かな指導ポイントが明示されている（P.76）。ぜひ、参考にしていただきたい。

この章の「5　子どもたちの楽しい討論を作り出すための指導のスキル」（臺野芳孝氏・千葉市立北貝塚小学校）の論考も、大変興味深い。音読の重要性、間違いを受け入れる子どもを育てる、など重要な指摘がある。「かさこじぞう」を題材にし、クライマックスで、かさをかぶったじぞうさまたちが空ぞりをひいて帰るところをじいさまとばあさまが見るところで、「この前と後に何が変化したか？五つ見つけよう」と問うている。なかなかユニークな発問である。

取り上げられた教材は、上述の「かさこじぞう」をはじめ、「モチモチの木」、「一つの花」、「大造じいさんとガン」、「海の命」、「少年の日の思い出」、「ガイアの知性」、「竹取物語」など、多くの教科書教材が取り上げられている。中でも「海の命」（立松和平）については、各所で取り上げられていて、太一（主人公の漁師）が、10年以上も追い求めてきたのに、「瀬の主」（クエ）に、なぜもりを打ち込まなかったのか、という山場（クライマックス）の読み取りの授業は、読み応えがある。

第四章「新学習指導要領『国語』をどう読み解きどう評価するか—現場への提言—」では、5人の学者による論考があり、大変勉強になる。

「主体的・対話的で深い学び」について、国語科という視点で考察した本であるが、他の教科に関しても、多くのヒントや示唆を与えてくれる著書である。ぜひお薦めしたい。

調査報告　学校の部活動と働き方改革
―教師の意識と実態から考える―

内田　良　ほか4名　著

岩波ブックレット

このところ、教員の働き方改革、特に、部活動改革の気運が高まってきている。しかし、各学校現場の実情はどうか。新年度を迎えて、何か少しでも前進したことがあるだろうか。外部の動きはいろいろあるが、現場では、失礼な言い方だが「無風状態」にあるのではないかと危惧する。

特に部活動の問題は一筋縄ではいかないのではないか。

本書は、名古屋大学大学院教育発達科学研究科の内田良准教授ほか4名の先生方（教育社会学）が、２０１７年11月〜12月に、全国22都道府県の計２８４校の中学校に勤務する８、１１２名の教職員を対象に、特に「部活動」に関して調査した報告書である。【回収率77.８％（２２１校）・個票49.１％（３、９８２名）】

本書（本調査）の大きな特長は、働き方の実態を調査するだけでなく、教員自身が勤務実態をどう受けとめているのかという「意識」の面にまで踏み込んで調査をしている点にある。

例えば、「部活動に対する意識：ストレスと楽しさの関係性」（P．30）をみると、「ストレスあり×楽しくない」（34．2％）、「ストレスなし×楽しい」（32．8％）、「ストレスあり×楽しい」（27．7％）のような結果を報告している。

先に「部活動問題は一筋縄ではいかない」と述べたのは、教員集団は

大きく三つの方向に意識が分化する傾向を見出せた。（P．31）

からである。

そこで、

教員の中で誰が、なぜ部活動のあり方に対して肯定的な意識を持ち得ているのかを明らかにすることである。（P．31）

とさらに突っ込んだ調査を進める。

その結果、年代別では、「部活動の顧問は楽しい」（「どちらかといえば」も含む）とするのは、20代教員で、74．3％となっている。一方、40代では、55．3％、50代以上では52．8％である。性別では、女性教員が「ストレスあり×楽しくない」が44．6％であり、男性は

26.7%となっている。

（前略）部活動立会時間がより長くなっているはずの若手教員と男性教員において、必ずしも部活動に対してネガティブな意識が持たれているわけではないことが明らかとなった。（P.35）

と総括している。

では、なぜ多忙化にもかかわらず部活動は求められるのか。

一つは、生徒に対する教育的意義・効用である。生徒指導の文脈においても意義があるととらえられている。

二つ目は教員自身の力量形成と密接に関連づけられている。「部活動指導と教科指導の両方に秀でてこそ、一人前の教員だ」と受けとめる教員が、特に若い世代に多い。

本書には触れられていないが、私見を述べさせていただく。失礼かもしれないが、私は、部活動には、甘いワナがあるように思う。それは、集まってくる生徒は、「サッカーをやりたい」、「野球が上手になりたい」というモチベーションがある。多少の温度差はあるかもしれないが、自分で選んで入部してくる。教員は、ある程度のモチベーションを持った生徒の集団を指導するのだから、一種の快適性（居心地の良さ）がある。英語や数学の授業では、こうはいかない。ここに部活動にのめり込むワナがあるように思う。「楽しい、やりがいがある」と感じる要因は、こんなところにもあるのかもしれない。失礼があればお許しいただきたい。

さて、学校の部活動と働き方改革について、問題は二つある。一つは「やりがい」を理由として、多忙な状況が受容され、教員自身の主体性によって、さらなる多忙化が進行するということ、二つには、過度なストレスを抱え込みながら働かざるを得ない教員が多くいるということ、である。

そして、教員のこのような意識を踏まえなければ、いろいろな施策が有名無実化する可能性があるのではないか、と本書では注意を喚起している。

第4章「学校のウチとソトの関係性と教員の働き方」では、特に重要な指摘がある。タテ・ヨコ・ソトからの「熱心な部活動指導」が期待されている。タテとは管理職、ヨコとは同僚、そして、ソトとは保護者である。特に難しいのは、ソト（保護者）からの期待である。

部活動の日数の縮小なども一つの具体策として考えられるが、保護者という学校のソトにいる存在も忘れてはならない。保護者が教員の働き方に対してネガティブにもポジティブにも影響を与えているのである。日曜日に部活動を休みにすると「なぜやらないのか」、「生徒のためなのに」と苦情が来るという（朝日新聞の記事）。

学校のウチだけの議論ではなく、学校のソトへと議論を展開していく必要があると痛感する。

最後に、部活動、働き方について、本書に触れられていない事柄について、私見を述べる。

一つは、教員には、労働基準法に規定されている「休憩時間」が、ほとんど保障されていないということだ。お昼休みは、大部分は「給食指導」にとられてしまうし、いわゆる「空き時間」も、次の授業の準備や事務にとられてしまって、「休憩」などしていられない。物理的に「休憩場所」もない。ほとんど働きづめである。

二つは、「部活動と教科指導と両方できて一人前」という意識だが、これは、きわめて難しい。大部分のエネルギーを部活動に取られ、教科指導の準備や研究・研修は、なかなかできないのが実情ではないか（決して批難しているのではない）。

「部活動」は「教育課程外」の教育活動であるのに、肝心な教科の指導が疎かになってしまっては、由々しき事態である。

三つめは、根本的な問題として、全ての統計の基礎になる勤務時間等のデータは、みな、教員自身の自己申告によるもので、タイムレコーダー等によるものではない。果たして、客観性が保たれているのか。

本書の中には、今後の改善の視点や具体策について、データをもとに提言がある。お読みいただいて、ウチからもソトからも、部活動・働き方改革を進めていきたい。

手で見るいのち
――ある不思議な授業の力――

柳楽《なぎら》未来《みらい》　著

岩波書店

「これは使える牙だな。」

「この動物の耳はやや斜め前向き。首の付け根の穴は後ろ向きだから、きっと四足歩行だと思う。」

「犬歯がめっちゃ入り込んでいる。これはかなり噛む力が強いぞ。絶対に肉食だ。」


視覚障害のある生徒たちが、骨（動物の頭蓋骨など）を触って生き物について学ぶ理科（生物）の授業のひとコマである。

著者は、毎日新聞の記者。

筑波大学附属視覚特別支援学校の中学1年A組の理科（生物）の授業を取材した記録で

ある（単に記録だけでなく、著者の感じたこと、考えたことが豊かに盛り込まれている）。

視覚障害の子どもたちにとって、理科、とりわけ生物領域の学習は大きな壁になっている。そういう中で、今から40年も前に「生物の楽しさを子どもたちに伝えたい」という思いで、「視覚に頼らずに生物を学ぶにはどうしたらいいか」を追求し続けた教師がいた。

それが、「骨を触って観察する」という授業となった。

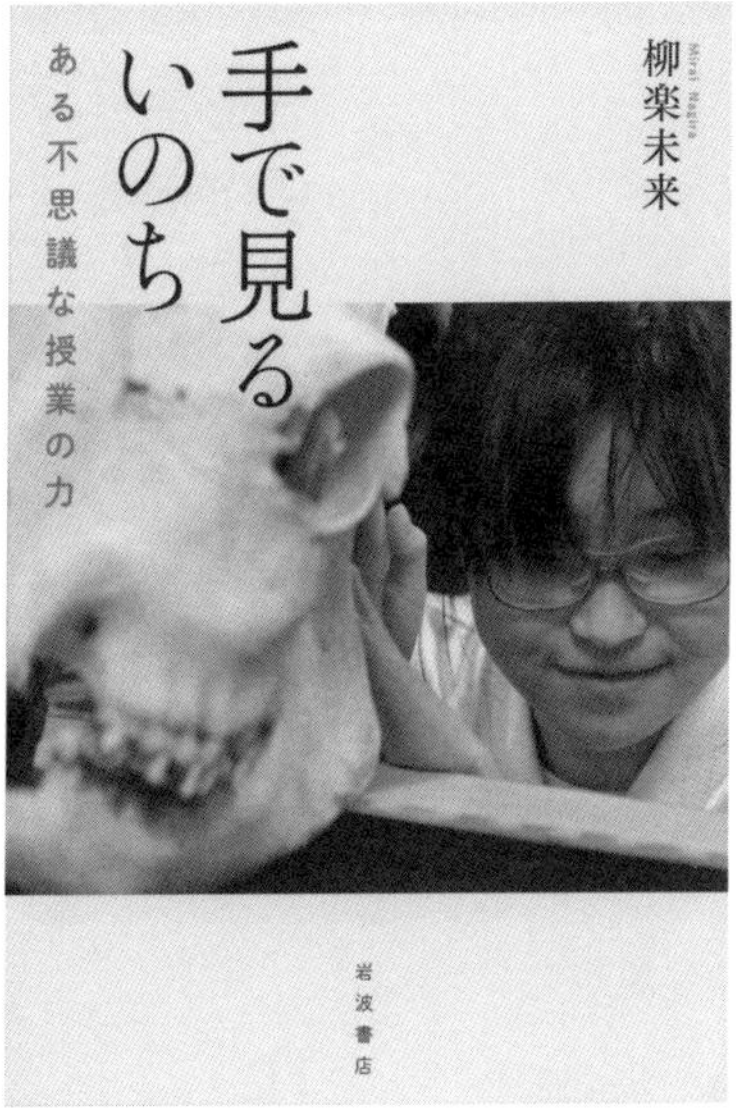

著者は、「骨を触って生物を学ぶ」、「40年以上ずっと続いている」という二点に惹きつけられ、この授業を取材し続けることになる。

第二章で、この授業をつくった教師たちの歩んできた道が述べられる。

初代は青柳昌宏先生。ペンギン博士として名を馳せた（1998年他界）。

実際の植物や動物をじっくり観察する。

そのことに徹底した。

二代目は鳥山由子先生。

葉っぱと骨を触る授業を改めて体系化し、今の授業の姿を作り上げた。（P．71）

三代目は武井洋子先生。現在の担当である。鳥山先生の授業や話に心を揺さぶられ、盲学校の理科教師になることを決めた。

三人の先生の歩んできた道を読みながら、私は、改めて「教師とは何か」ということを考えさせられた。教師論としても、この第二章は一読の価値がある。

第三章では、視覚障害を持ちながら、大学の自然科学系への進学をした三人の方の歩みが紹介される。その苦労たるや並々ならぬものがあるし、また、鳥山先生はじめ、大学関係者の多くの努力も語られる。

第四章では、視覚障害者教育のために自分の遺骨を学校に寄贈する方の話が出てくる。福田平治氏（１８６６年～１９４１年）のことである。

われ死なば　かばねはときて　骨あらひ　めしひの学ぶ　助けともせよ

という短歌の紹介がある。当時の盲学校は、どこも資金難で骨格標本などを買うお金はなかった。

解剖学の授業で、この骨を触った経験のある小川幹雄さんは次のように言う。

遺骨を触る経験はなかなかないので、畏敬の念というか、触る前には心構えが必要でした。骨はひんやりとしていて、模型では再現できない小さなでこぼこを手で触って感じました。（P．139）

戦前の日本で、ほぼ同時期に遺骨の献体が三か所で行われていたという。

当時は、どの盲学校も資金が不足し、厳しい運営を迫られていた。そんな状況の中で、当時の関係者たちは知恵を絞り、自分の遺骨を教材に使うという今では考えられない手段を取った。根底にあったのは、子どもたちがよりよく学べる環境をつくり、将来の可能性を広げたいというゆるぎない意志だったのだろう。（P．141）

と著者は感慨を述べる。

「おわりに」の中で、著者は次のようなことを述べる。

本書のテーマは「学ぶ」ということである。視覚障害ではない。本書に登場するのは視覚障害者もそうでない人も皆、一生懸命に学ぼうとし、学ぶ場をつくろうとしてきた人たちで

ある。私は主に盲学校の授業を舞台に、学ぶとは何かを考え続けた。生徒たちは骨をじっくり触り、発見した骨の特徴が何を意味するのかを考えて、言葉にしていく。生物室内で交わされる言葉には力があった。生徒たちがどんどん成長していく姿に私は驚き、そのたびに考えさせられた。生徒たちはこの授業でいったい何を得ているのか、と。

（中略）

学ぶ目的の一つは、きっと自らの言葉を獲得していくということなのだろう。

（中略）

時代がどう変わろうとも、実物に接し、自分の頭で考え、言葉を獲得していくという営みを忘れてはいけない。（P．177）

本書は、誠に分厚い、圧倒されるルポルタージュである。随所に感動的なエピソードが盛り込まれている。

私は、折悪しく、ちょっと体調を崩して、鬱屈した日々を過ごしていた時に、本書を読んだ。土性骨を叩き直される思いがした。

ぜひ皆さんにも一読をお薦めする。

「主体的・対話的で深い学び」を実現する社会科授業づくり

北　俊夫　著

明治図書

表題は「社会科授業づくり」となっているが、中身は、社会科の授業を通して、「主体的・対話的で深い学び」とは何かを論述した本である。いわば、社会科を題材として、学習指導要領のキーワードを繰り返し、具体的に論述している。であるから、本書は、社会科（主に小学校）の先生方だけでなく、他の多くの先生方にも読んでいただきたい本である。

しかも、説明が平易でわかり易い。例えば、

「主体的な学び」が自ら学ぶ力（自学力）を育てることを主眼にしているのに対して、「対話的な学び」は、みんなと学ぶ力（共学力）を育てることにねらいがあります。前者は「自立」に、後者は「共生」につながります。（P．21）

とある。

さらに3つの「学び」は、どう関わっているか、の節で、次のように明快に解説する。

このことは、「主体的な学び」や「対話的な学び」をつくることが目的ではなく、「深い学び」を実現するための、あくまでも手段であることを意味しています。授業の究極のねらいは、「深い学び」をつくること、すなわち学びが深まりのあるものにすることです。「主体的・対話的で深い学び」の表記に見られる「で」とは、「このことによって」、「そのうえで」、「その結果」といった趣旨です。あとに続く「深い学び」は、「主体的な学び」や「対話的な学び」と横並びの関係ではありません。（P．28）

と説く。

個人的なことを言えば、私は、以前から、この「で」とはどういうことか、今一つしっくりしない感じを持っていた。本書を読んで、「なるほど」と納得した。

さて、第3章から、小学校社会科を題材にしながら、「主体的な学び」、「対話的な学び」、「深い学び」をつくる授業のポイントが述べられる。

特に、注目したいのは、これまでの授業の問題点・課題を明らかにしつつ、どこをどう改善していけば良いのか、に焦点を絞って述べている点にある。つまり、これまで行われてきた授業を踏まえて、さらに、どう取り組むべきかを述べている。これまでの授業の全否定ではない。あくまで「改善」を目指すというスタンスである。

第5章「『深い学び』をつくる授業のポイント」を見ると、次のような事柄が述べられている。

1　多用される活動指示型の言葉かけ

教師の指示が子どもたちの意思や疑問などと無関係に一方的に発せられていますから、子どもたちは「やらされている」という印象がぬぐえません。（P.82）

教師が戸惑うことも、いわゆる脱線することもなく、スムーズに進められる授業に、果たして「深い学び」があるのかと疑問を呈している。

2　子どもの学習状況のとらえ方に問題はなかったか

学びの深さや深まりは、子どもの学習状況を時間軸や空間軸で見ることによって明らかになるものです。（P.85）

と述べている。「時間軸」で見るとは、子どもの思考や理解がどのように変化し、変容してきたか、

学びの姿を「動的」に捉える視点（P.85）

を持つこと。

「空間軸」で見るとは、子どもの学びにどのような広がりがみられるか、他の事象とどうのように結びつけているかなど、学びの姿を「面」として捉える視点であると述べる。

ここで、さらに具体的に、ノート指導と板書構成についても言及している。ノートは、いわば学びの軌跡（足跡）であり、板書を「写すノート」から、子どもが「つくるノート」への転換を提唱する。すなわち、自分の思考や理解の深まりを可視化することができると指摘する。

理論（もとになる考え）と具体的な授業での押さえたいポイントが一体となって解説されていて、非常にわかり易い（あえて個人的な好みを言えば、こんなにスッキリ行くのかなという不安も過《よぎ》るが）。

先にも述べたように、社会科の先生以外の方にも、ぜひお薦めする一冊である。

教育と授業
―宇佐美寛・野口芳宏　往復討論―

宇佐美寛・野口芳宏　著

さくら社

本の帯に、両先生の厳しい表情のお写真と「授業名人×教育学界の最長老」とある。私がキャプションを書けば、「千葉県の南北両雄の対論」となるか。「南」は君津市在住の野口先生、「北」は我孫子市在住の宇佐美先生である。

私も以前から、自分が編集者なら、このお二人の対論・討論を企画するのだが、と思っていた。その私の思いが、「往復書簡・往復討論」という形で、一冊の本になった。どのページを繰っても、知的刺激に満ちた、強烈なスパークが飛び散るすごい本に仕上がっている。

（宇佐美先生に言わせれば、「前おきをやめよう」となるが、野口先生の「前おき」擁護論に力を得て、以上「前おき」とする）

お二人の討論の姿勢は、次のとおりである。

この本は、先生と私とが国語教育の諸問題について、なるべく具体的に、十分に強く明確に、考えを述べ合う本です。両者の考えは違い、対立することが多いでしょう。たがいに違う別の人間なのだから当然です。

両者の違いが有るから、読者は、思考を刺激されます。読者が、どう考え、どんな結論に到るかは、読者各自の自由です。（宇佐美　P．100）

また、野口先生からは、

……現場の実践者の一人としていささか「腑に落ちない」「分かりにくい」「これは釈然としない」「これは違うのではないか」と、いくつかの点で私なりに感ずるところもありますので、それを「素直に」申し上げ、さらに先生のお考えを伺い、私の「不備・不足・不十分」な理解を補いたい、というのが、そもそもの本書執筆の原点でありました。（P．147）

と述べられている。

さて、国語教育についての論点は多岐にわたるが、ここでは、「発問」についての、お二人の考えの違いについて、取り上げてみよう。

■　宇佐美先生の意見

発問によって行われる授業というものは、不自然であり、きゅうくつで不自由なものである。「この問い以外の道は考えるな」という「かくれたカリキュラム」で子どもの思考を束縛しているのである。思考を狭い範囲に閉じこめているのである。

（「国語教育を救え」　さくら社　P．51）

……学習者（児童・生徒・学生）は、予習をしてくるべきものである。野口氏は、この予習段階をどう指導しているのだろうか。どんな予習をし、どんな思考状態にある学習者であるのか。

（中略）

発問者は、これを考慮しなければならない。（本書　P．50）

野口氏の発問は、学習者が自力で文章を読み書きするのを助けようとしているか。氏の考えた発問の妥当性を疑い、別の問いを考える力を育てようとしているか。（本書　P．53）

■　野口先生の意見

「学習者の自立的学習・自己教育力」にウェイトを置いたご意見のように読み取れる。

「発問」のない授業、あるいは「問いのない教育」というものは私には考えられないことだ。（P．157）

もし、教師の問いがなければ、子供はこのような読みとりの成長、深化には至るまい。「問われて気づく」「問われて初めて見えてくる」ということこそが「発問の生産性」であり、発問が有用、有益であることの証である。（P．158）

子供の読みとりにおける「誤読」や「読み落とし」を「ほっておく」訳にはいかない。何もしないで「ほってお」いて、「そのうち読めるようになる」という楽観的な考え方には与《くみ》することができない。（P．161）

野口先生は、発問によって、子供の視野を広げ、深め、高めるということに重点を置く。また、そのような発問を用意しなければならない（子供がわかっていることを「なぞりと確認」だけに終始する発問では困る）。

私は、このお二人の議論を読んできて、「発問の生産性」を強調する野口先生の意見に共感する。

これは、大学生を教える宇佐美先生と、小・中学生を教える野口先生との立場の違いなのかもしれない。

あるいは、それぞれの成育歴に由来するものもあるかもしれない。宇佐美先生によれば、先生は、中学一年の時、マルティン・ルター「基督者の自由」、本田喜代治「フランス革命史」、赤岩　栄「キリスト教と共産主義」、長塚　節「土」を読んだとある。

そして、

やはり、国語の発問は幼稚で、あほらしかった（P．64）

と続ける。

この自己教育こそが教育の本質である。学校はこの自己教育を助けるのである。（P．64）

愚考すれば、「発問の生産性」こそ、「自己教育を助ける」営みのように思える。家に帰っても、机も、参考書も何もない子供たちもたくさんいる。自己教育のとっかかりも何もない子供が多数を占める。「発問」によって、そういう子供たちに火を灯したい。それが野口先生のお考えのようだと思う。私もそう思う。

打打発止《ちょうちょうはっし》の白熱の往復書簡を読むのは、誠に心地良い。ぜひご一読をお薦めする。

なお、私の手元にある両先生の文献を以下にあげておく。

宇佐美先生

『国語教育を救え』（さくら社）

『私の作文教育』（さくら社）

『教師の文章』（さくら社）

『議論を逃げるな―教育とは日本語―』（さくら社）

野口先生

『野口流　教師のための発問の作法』（学陽書房）

『野口流　授業の作法』（学陽書房）

『授業づくりの教科書・国語科授業の教科書』（さくら社）

『利他の教育実践哲学―魂の教師塾―』（小学館）

レギュラーになれないきみへ

元永知宏　著

岩波ジュニア新書

私は若い頃、どういうわけだか、バレーボール部の顧問を命じられて、40歳近くまで、つとめてきた。以前にも書いたが、私は、バレーボールの選手としての経験はまったくない。

最初は、生徒のほうが技倆はずっと上だった。

顧問を担当して、いつも、心にうずいていたのは、どの生徒を選手として起用するか、そして、誰を補欠とするか、補欠の生徒のケアをどうするかということであった。

うまい具合に、6人（9人制では9人）が、3年生で、技倆もほぼ同じであればいいが、年度によって、3年生でも、補欠となる生徒も出たり、また、2年生の中に優れた技倆の生徒がいれば、3年生の中に割り込ませるようなこともあった。

練習に出てこなかったり、あまり熱心でない3年生ならともかく、毎日練習に出てきて黙々とボール拾いをしている3年生を補欠に回すのは、しのびない。

このことは、ずうっと心の底に澱の如く、沈んでいた。

そういう時に、たまたま、本書に巡り合った。

どんなことが書いてあるのか。今さらだけれど、補欠として去った生徒たちへの贈る言葉となり得るのだろうか、とページをめくった。


本書は、著者が野球で「補欠を経験した人、補欠の働きの大切さを知る人にお話を」聞いた記録である。


スポーツを始めるときに、自分から希望して補欠になる人はいません。誰だって試合に出て活躍したい。しかし、チャンスを与えられないときにどうするのか？

（中略）

チームにどう貢献するのか、仲間に対して何ができるのか？8人の野球人が示す「答え」をあなたの目で確かめてみてください。（はじめに）

と述べる。

自分の補欠経験を語る人たちは、皆、甲子園の常連校で野球部に属していた人たちである。

塩見直樹氏の話を紹介しよう。

塩見氏は木更津中央高校（現・木更津総合高校）、暁星国際学園、国学院久我山高校で野球部の指導に携わった。


補欠という存在がなければ、野球というスポーツは成り立ちません。しかし、チームの中には、いい補欠もいれば、悪い補欠もいます。塩見さんにはその違いがどう見えてるのでしょうか。（P．65）

（前略）

大切なことは、自分よりも優れた能力を持つ人間を認められるかどうか。自分の能力を見極めながら、人の意見も聞きながら、自分のポジションを知ることが大事なんです。

（中略）

もちろん、指導者の責任でもあるんですが、ひとりひとりに役割を持たせることが重要だと思っています。チームのためにどんな貢献をするのかを教えてあげないと。（P．66　塩見氏の言葉）

塩見氏は、今、ベンチ入りできない3年生のための「引退試合」を企画・運営している（一般社団法人　応援プロジェクト　の設立者）。「野球を続けていればいいことがあるよと示すことが僕の使命なんじゃないかと思うようになった」と氏は述懐する。

読後に思ったが、ここに登場する8人の方々は、それぞれ甲子園の常連校であり、その中の補欠を経験した人たちだが、地方大会一回戦でコールド負けして、高校の野球にピリオドを打つ生徒がたくさんいるのである。むしろ、圧倒的に、こういう人たちの方が多い。

そういう「補欠」の人たちにどんな言葉を贈るのか。

著者は、「おわりに」の中でこう述べる。

私が本書を書くことを決めたのは、補欠に甘んじている人に「そこ」が終わりでないと知ってもらうためです。

（中略）

ゴールは「いま」ではありません。時間が経ってから「あのときの経験があったから」と思い直すことがきっとあるでしょう。（P．194）

本書の帯に

ゴールは「いま」じゃない（帯）

とある。

部活動の指導者にも、そして、今年も補欠として部活を続ける「きみへ」贈りたい一書である。

ケーキの切れない非行少年たち

宮口幸治　著

新潮新書

書名を見た時、私は、彼ら非行少年たちへの上から目線の哀れみ、蔑みのような雰囲気を感じて、あまりいい印象を持たなかった。

彼らには、ケーキを切るというおだやかな生活体験がないのではないか。だから、図上のようなケーキにみたてた円を三等分するという課題には応えきれないのではないか。

私には、そんなふうに感じられた。

表紙の帯の部分に彼らが描いた「ケーキ三等分」の図が載っている。

この図は著者が精神科医として、医療少年院に勤務していた時に、「ケーキを三等分する」という課題に対して、在院中の少年たちが出した答えである。

まったく三等分になっていない。

しかし、本書を読み進めていくにしたがって、私の先入観・偏見は、徐々に修正され、読み終わると、多くの知見を得たことに満足した。

不明を恥じ入るばかりである。

著者は児童精神科医として、精神科病院や医療少年院に勤務し、多くの少年たちを診てきた。そこで得た知見を整理し、困っている（「困った」ではない！）子どもたちを助け導く方法を熱く語っている。

これは矯正関係者だけではなく、学校教育に携わる人たちへも貴重な提言となっている。

まずP．22に衝撃的な記述がある。

更生のためには、自分のやった非行としっかり向き合うこと、被害者のことも考えて内省すること、自己洞察などが必要ですが、そもそもその力がないのです。つまり「反省以前の問題」なのです。

・簡単な足し算や引き算ができない。
・漢字が読めない。
・簡単な図形を写せない。

・短い文章すら復唱できない。

といった少年が大勢いたことでした。見る力、聞く力、見えないものを想像する力がとても弱く、そのせいで勉強が苦手というだけでなく、話を聞き間違えたり、周りの状況が読めなくて対人関係で失敗したり、イジメに遭ったりしていたのです。そして、それが非行の原因にもなっていることを知ったのです。（P．23～P．24）

と述べる。

特に著者が注目しているのは、「軽度知的障害」あるいは「境界知能」（ＩＱ70～84）の子どもたちである。この層の子どもたちは人口の14％程度はいるとされているが、多くは、この問題に気づかれないままに放置されている状況があると指摘する。

さて、第3章で「非行少年に共通する特徴」がまとめられている。「非行少年に共通する特徴5点セット＋1」という小見出しのもとに以下のようにまとめられている。

認知機能の弱さ

見たり聞いたり想像する力が弱い。

感情統制の弱さ
　感情をコントロールするのが苦手。すぐキレる。
融通の利かなさ
　何でも思いつきでやってしまう。予想外のことに弱い。
不適切な自己評価
　自分の問題点が分からない。自信がありすぎる。なさすぎる。
対人スキルの乏しさ
　人とのコミュニケーションが苦手
＋1　身体的不器用さ
　力加減ができない。身体の使い方が不器用

以下、各事項について詳説し、具体的にどう対処していいのかが述べられている。

例えば、「認知機能の弱さ」の項では、こんな例があげられている。

よく「オレをにらんだ」とか「ニヤニヤ笑った」とかで、トラブルを起こすケースがあるが（よく「ガン」をつけるなどという）、

この背景には、見る力の弱さがあります。相手の表情をしっかり見ることができないの

で、相手が睨んでいるように見えたり、馬鹿にされているように感じ取ったりして、勝手に被害感を募らせてしまうのです。（P．49）

見る、聞くといった力に問題がないかを確認する必要があると考えます。（P．57）

などと提言する。

ここで私は、はたと思いついたことがあった。

以前、英語の担当をしていた時に、どうしても「b」と「d」の区別がつかない生徒がいた。いくら口を酸っぱくして言っても、すぐ「b」と「d」を間違えるのである。

私は、努力、練習が足りないと思っていたが、もっと根本の認知機能（見る力）に障害があったのかもしれないと思い至った。

すまないことをしたと、今、悔やんでいる。

小学校段階でも、いわゆる「逆さ文字」を書く子がいると聞く。やはり、認知機能に問題があるのかもしれない。

著者は、経験上、小2くらいから、いろいろな問題が生ずるといっている。これに、学校教育は応えているのだろうか。

全ての学習の基礎となる認知機能への支援を

と著者は強く訴える。

「認知機能トレーニング（コグトレ）」を推奨する。第7章で一部紹介されている。

先にも述べたように、本書から、学校教育に関するたくさんのヒントが得られる。

お薦めの一書である。

対話を生み出す授業ファシリテート入門

―話し合いで深い学びを実現―

片山紀子・若松俊介 著

ジダイ社

「主体的・対話的で深い学び」が求められている。著者は、その核になるのは「話し合い」であると言う。

ファシリテートとは、

学習集団を仕切りながら、授業を捌《さば》き、子どもの学びを援《たす》けることです。（はじめに）

と概括する。

あるいは別の箇所で、こうも述べる。

ファシリテーター（教師・西村注）の第一の役割は、子どもから出される多様な意見をつなぎ、授業において子どもが最適解を見つけるのを、あるいは創造的に解決するのを手伝うことです。（P．29）

さて、こう書いてくると、いかにも抽象的で、「それは分かっているけど、実際にどうするの？」と言いたくなる。

ところが本書は、かなり具体的で、話が微に入り細に入り、誠にわかり易い。

例えばこんな指摘がある。

・子どもが意見を言ってくれるだろうか
・途中で行き詰まったらどうしよう
・自分の考えた構想と違ったことを子どもが言い出したらどうしよう
・子どもたちを深い学びに誘えるだろうか

という不安を教師はいつも抱えている。

こういう不安が強いとファシリテーター（教師）の話が長くなる傾向にあり、沈黙に耐えられず自分がしゃべってしまう、と言う。


子どもと共にあれこれさまよう時間こそが最も楽しい

というスタンスに切り替えようとアドバイスをくれる。

授業では「何が出てきてもかまわない」と腹をくくることです。（P．25）

と述べる。

「クリアエンド型の授業」と「オープンエンド型の授業」の話も面白い。

クリアエンド型の授業では明確な答えを導く。オープンエンド型の授業では、必ずしも答えを出さなくてもよかったりする話し合い、あえて結論を一つにする必要がない授業をいう（典型は「道徳」の授業など）。

最初にこの授業は、どちらの型なのか、はっきり設定しておくことが肝要だと指摘する。

私が、本書で、特に注目したのは、第四章の「振り返り」についての論説である。

他書にはない考察が続く。

「振り返り」とは、「その授業において気づいたことを発言させたり、文章で表現させたりしながら、自分自身の思考過程を見通したり、進歩の過程を確認したりする行為のことで、次の学びへつなげるために探求することです。（P．114）

「深い学び」にとって、この「振り返り」は、きわめて重要な働きであるが、一般的に時間に追われるなどして、どうしてもお座なりになりがちである。形だけのこともあるし、「自分でまとめておきましょう」などと、ゼロに等しい場合が多い。

しかし、著者は、この「振り返り」について、かなりの紙数をさき、詳説している。「振り返り」は、単なる感想ではない、と言う。「振り返り」を促すためのファシリテーターの指示について、次のような例示があげられている。

・今日の授業で気づいたことを書きましょう
・今日の授業でわからなかったことを書きましょう
・今日の授業でスッキリしたことを書きましょう
・今日の授業でモヤモヤしたことを書きましょう
・友達と話したことで、自分の考えが変わったことを書きましょう
・もっとやってみたかったことを書きましょう（P．118）

という具合である。したがって、そのための時間配当が重要である。

そして、教師にも振り返りが必要だとして、そのポイントを8項目あげている（P．137）。

ぜひ、本書に当たってほしい。

最後に、本書の構成でいいところは、各節の終わりに「ポイント」として、その節の要点がまとめられているところである。その「ポイント」を読むことで、読者は、改めて、その節の要点を「振り返り」、まとめることができる。

若い先生もベテランの先生も、改めて、自分のファシリテート能力について問い直し、授業力アップに資することができる良書である。

著者紹介

西村　堯（にしむら　たかし）

1936年（昭和11年）生れ。千葉大学教育学部修了。

千葉県君津地方の中学校教諭、小・中学校長歴任。

千葉県教育庁職員、千葉県総合教育センター所長などを勤めた。

1996年（平成８年）10月木更津市教育長就任。2004年（平成16年）退任。この間教育長だより「潮見の風」151号発行。

「学校支援ボランティア」制度の発足に尽力。

教育長退任後、教師セミナー「潮見塾」を11年間主宰。

著書に「それいけ学校支援ボランティア」(明治図書)、「それいけ学校応援団シリーズ１～３」(明治図書)（いずれも共著)、「教師のための知的読書案内」（学事出版）などがある。

教師のための濫読の道しるべ
――「ひらめき」と「化学反応」を期待する50冊の本――

2021年７月１日　初版第１刷発行

著　者　**西村　堯**
発行人　**花岡萬之**
発行所　**学事出版株式会社**
〒101-0021　東京都千代田区外神田2-2-3
電話　03-3255-5471
https://www.gakuji.co.jp

編集協力　川田龍哉
装　　丁　精文堂印刷株式会社制作室／三浦正已
印刷・製本　精文堂印刷株式会社

ISBN 978-4-7619-2725-7　C 3037